**Elisabeth Engler**

# Kreative Kokos-Küche

## Unwiderstehlich lecker & gesund

D1640495

compbook starcooks

Bibliografische Information der Deutschen Nationalbibliothek:
Die Deutsche Nationalbibliothek verzeichnet diese Publikation in der Deutschen National-
bibliografie; detaillierte bibliografische Daten sind im Internet über http://dnb.d-nb.de abrufbar.

Elisabeth Engler – 1. Auflage
Compbook Verlag, 2013

**Fotos:**
Copyright © Elisabeth Engler
S. 54 (Aubergine): Brigitte Heinen  / pixelio.de
S. 74 (Sharon) mogliemax  / pixelio.de
S. 52 (Süßkartoffel) © eyewave  /istockphoto.com

**Herausgeber:**
Compbook Verlag
Karl-Heinz Engler Dipl. Ing. (FH)
Kirchbergstr. 17
D-85402 Kranzberg
www.compbook.de email: compbook@gmx.de

**Herstellung:**
Books on Demand GmbH, Norderstedt
ISBN 978-3-934473-33-5

# Inhalt

# Wissenswertes rund um die Kokosnuss

## Die Kokosnuss, ein echter Allrounder

Die Kokosnuss ist übrigens keine Nuss, sondern eine Steinfrucht, aber das sei nur am Rande erwähnt.

Ihr Fruchtwasser, das sogenannte **Kokoswasser**, an das man kommt, indem das weichste ihrer drei Keimlöcher geöffnet wird, erfrischt nicht nur und enthält viele Mineralstoffe und Vitamine, sondern dient auch als vollwertiger Wasserersatz. In der ungeöffneten Kokosnuss ist es sogar keimfrei! Es schmeckt nur sehr leicht süßlich und hat einen niedrigen Anteil an Glukose und Salz. Bis zu einen Liter Kokoswasser enthält die frisch geerntete Kokosnuss, danach baut es sich langsam ab.

Ausserdem wird das Kokoswasser zu einem Kokoswein vergoren und danach teilweise durch Destillation zu Branntwein weiter verarbeitet.

Mittlerweile ist Kokosnusswasser auch bei uns erhältlich in Form von energiespendenden Diätdrinks.

Kokosnüsse reifen übrigens nach ihrer Ernte nicht nach, wie es viele andere Früchte tun. So zeigt der Gehalt des Restwassers darin an, wie alt die Kokosnuss ist.

Das **Kokosöl**, oder Kokosfett ist zwar ein Öl, bleibt aber bei Raumtemperatur noch fest. Je nach Reinheits- und Bearbeitungsgrad ist es weißlich bis hellgelb und duftet leicht süßlich nach Kokos. Wir verwenden es zum Braten, Frittieren und Backen. Doch auch die Süßwaren-, die Waschmittel- und die Kosmetikindustrie setzt Kokosöl gerne ein. Sogar für die Produktion von Biokraftstoffen, wie z. B. Diesel wird es benötigt.

Die Hauptimporteure vom Rohstoff Kokosöl sind Holland, Frankreich und Deutschland. Andere Länder wie die USA führen dann das fertige und gereinigte, oftmals raffinierte Produkt Kokosfett ein.

Gewonnen wird es mittels Pressung in Ölmühlen aus dem getrockneten Kokosnussfleisch, dem Kernfleisch, das man als **Kopra** bezeichnet. Die holzigen Fasern der Schalen werden weitergenutzt für die Herstellung von Matratzen- und Polsterfüllungen, im Fahrzeugbau und neuerdings auch als natürlicher Wärmedämmstoff. Je älter die Nüsse sind, desto höher ist der Holzanteil der Fasern, die dann nicht mehr versponnen werden können. Daher werden nur die jungen, weichen Fasern von unreifen Kokosnüssen, sogenanntes „Coir", für die Herstellung von Textilien und Textilähnlichem (Seile, Matten, Teppiche) verwendet.

Weiterhin werden aus dem Kopra **Kokosflocken** hergestellt in verschiedenen Mahlgraden und Spanstärken, sowie auch **Kokosmehl**. Kopra ist durch seinen Fettgehalt von 63 bis 70 % ein Ausgangsprodukt zur Herstellung von Margarine und Kokospasten zum Kochen.

Die halbierten harten **Kokosnuss-schalen** (Steinschalen) werden für die Herstellung von Trinkgeschirr, Löffeln, Vasen etc. verwendet, aber auch für Musikinstrumente, Spielzeug und Kunsthandwerk. Sogar als Brennmaterial werden Kokosschalen eingesetzt in Form von Kohlen. Vermahlen, versetzt mit Mineraldünger und anschließend gepresst gibt es sie neuerdings als stark aufquellendes Pflanzsubstrat für den Garten und den Landschaftsbau.

Die beliebte **Kokosmilch**, die man bei uns meist in Dosen erhält, ist ein Mischprodukt aus Fruchtfleisch und Wasser, das püriert und später ausgedrückt wird. Je nach Wassermenge ergibt dies eine mehr oder weniger fetthaltige Kokosmilch. Zumeist wird aus dem Pressrückstand nochmals eine weitere, diesmal dünnere Kokosmilch hergestellt. Da sich Fett und Wasser auf die Dauer wieder trennen und, anders als bei Tiermilch, nicht dauerhaft homogenisiert werden können, werden dem Handelsprodukt meist Emulgatoren zugefügt, die dies verhindern sollen. In den Ursprungsländern dagegen hat der Verbraucher kein Problem mit diesem „Schönheitsfehler". Der Pressrückstand wird als eiweißreiches Tierfutter verwendet.

Kokosmilch benötigt man für die Zubereitung von Saucen, Desserts, Suppen, Cocktails und Getränke und ist natürlich unentbehrlich für alle Curries.

Oft wird als Kokosmilch auch der Presssaft bezeichnet aus frischem Fruchtfleisch, der aber eher fettarm und mineralstoffreich ist.

**Palmsaft** vor allem aus den Blüten der Kokospalme ist sehr reich an Vitaminen, vor allen an Vitamin B und bildet den Grundstoff für Palmwein, Palmessig, Branntwein (Arrak) und natürlich für den heiss begehrten und gesunden **Kokosblütenzucker** (ein Palmzucker). Ohne jeden Zusatz von Zucker aus Rüben oder Zuckerrohr wird er aus dem Blütensaft der Kokospalme behutsam eingekocht bis er karamellisiert. Er ergibt später zerstoßen oder gemahlen Kokos- oder Kokosblütenzucker. Sein kräftiger, fast malziger, nicht ganz so süßer Geschmack verwöhnt unsere Nerven mit ungewohnten Aromen. Wir verwenden ihn daher etwas anders und mit einem größeren Spektrum als den gewohnten weißen Haushaltszucker.

Zu guter Letzt, wenn die Kokospalme, nach bis zu 80 ertragreichen Jahren (standortbedingt) dann abgeholzt wird, kann ihr **Holz** als Baumaterial verwendet werden und das sogenannte **Palmherz**, das Scheitelmeristem, aus dem heraus die Blätter und die Blüten wachsen, wird als Spezialität für Salate und Gemüsezubereitungen verkauft.

Neben frischen Produkten wie Fleisch, Fisch und Gemüse benötigen wir natürlich die entsprechenden Kokosnussprodukte. Hierbei gibt es große Qualitätsunterschiede, die sich üblicherweise auch im Preis niederschlagen. Empfehlenswerte Bezugsquellen für den Versand hochwertiger Waren werden im Anhang aufgeführt.

## Kokoszucker

Erinnert im Geschmack an braunen Rohrohrzucker und an Muscovadozucker. Er ist weniger süß und hat einen stärkeren, würzigen Eigengeschmack, der leicht dominiert. Daher verwenden wir ihn - nicht zuletzt seines Preises wegen - mit mehr Sorgfalt als handelsüblichen Haushaltszucker. Erst wenig benutzen und lieber nachsüßen ist die Devise. Er wird weder raffiniert noch gebleicht, enthält viel Kalium und Zink und eignet sich auch für die rohköstliche Küche.

## Kokosmehl

Glutenfrei und mit einem hohen Gehalt an Eiweiß (fast 20 %) enthält Kokos-mehl sogar bis zu 38 % Ballaststoffe. Daher sättigt es besonders langhaltig. Es riecht und schmeckt zart nach süßer Kokosnuss, wodurch oft weniger Zucker benötigt wird, ein weiterer Pluspunkt. Kokosmehl eignet sich gut zum Abbinden von Saucen und Flüssigem, da es sehr gut aufquillt. Dabei darf man jedoch seinen Eigengeschmack nicht vergessen. Seine Konsistenz ist jedoch etwas grobkörniger als normales Mehl. Sofern dies als störend empfunden wird, kann man damit gekochte Saucen aber kurz durchsieben, dann werden sie feincremiger. Da Kokosmehl zwar gut bindet und quillt, aber kaum Kleberstoffe hat, muss dennoch beim Kuchenbacken mit anderen Mehlen kombiniert werden. Zwischen 10 und 25 % Weizenmehl kann man damit ersetzen.

## Kokosöl

Reine, sogenannte „Virgin" Kokosöle werden weder raffiniert, desodoriert, gehärtet noch gebleicht. Sie werden im Kaltpressverfahren schonend hergestellt. Hochwerti-ges Kokosöl enthält bis zu 50 % Laurinsäure, eine besonders gut bekömmliche gesättigte Fettsäure. Gerade bei Stoffwechselerkrankungen und Gewichtsproblemen sollte Kokosöl das Produkt der ersten Wahl sein, da es unsere Gesundheit eher ver-bessert als viele andere Fette.
Behandeln Sie dieses hochwertige Produkt daher auch in Ihrer Küche schonend behandelt! Selbstverständlich lässt sich damit Frittieren, doch damit werden die meisten wertvollen Inhaltsstoffe vernichtet, was dann doch wohl als kontraproduktiv bezeichnet werden kann. Dafür eignen sich wesentlich preisgünstigere gehärtete

Plattenfette aus Kokosöl besser. Testen Sie den köstlichen Geschmack von frischem Virgin Coconut Oil (Kokosöl) direkt pur – es macht ausgesprochen Spaß, mit solch hochwertigen Produkten umzugehen. Auch als Brotaufstrich (kombiniert mit Honig, Frucht- oder Gemüsemus) schmeckt es wunderbar und stellt *die* gesunde Alternative zu Butter und Margarine dar. Übrigens hält sich Kokosöl aufgrund seiner antibakteriellen Eigenschaften auch außerhalb des Kühlschrankes monatelang, wobei es während der Sommerzeit flüssig wird. Es bietet sich an, besonders hier auf biologisch kontrollierte Ware zu achten und, da es meist in Drittländern hergestellt wird, auch auf das sogenannte „Fair Trade" Siegel.

## Kokosfett

Dies ist ein reines Kochfett aus erhitzten und ausgepressten Kopra. Es enthält einen hohen Anteil an gesättigten Fettsäuren, aber auch gehärteten Fetten. Neuerdings gibt es unter der Bezeichnung „Soft" auch Kokosfett ohne gehärtete Fette, dafür mit Pflanzenölen gemischt im Handel. Für den legendären Kekskuchen „Kalter Hund" wird Kokosfett verwendet, da es gut aushärtet. Ansonsten ist Kokosfett ein gut geeignetes Fett zum hochtemperierten Braten und Frittieren.

## Kokosmilch

Diese wird meist mit unterschiedlichem Anteil von Fett, Wasser und Kokosnuss in Dosen oder Tetrapacks verkauft als pasteurisiertes Produkt, meist noch mit Emulgatoren oder Konservierungsmitteln versetzt. Wer besonders auf seine Ernährung achten muss oder möchte, sollte daher auf Ware aus biologischem Anbau ohne Zusatzstoffe zurückgreifen. Auch der Anteil an Kokosnuss in der Milch ist ein Faktor für die Auswahl. Eine eher dünnflüssige Milch mit nur 60 % ist zwar oftmals (nicht immer) preisgünstiger, jedoch benötigt man manchmal eine konzentrierte Kokosmilchvariante. Durch Verdünnung mit Wasser oder Fond kann man sich die gewünschte Mischung auch selbst zusammenmixen auf die gewünschte Stärke.

## Kokosmus

Kokosmus wird aus dem frischen Kokosnussfleisch gewonnen, teilweise wird noch Kokosöl zugesetzt. Es ist reich an wichtigen Nährstoffen und Ballaststoffen, schmeckt wunderbar aromatisch und sättigt gut und lange. Es kann auch die Kokosmilch ersetzen (vermischt mit Wasser oder Fond), sollte aber erst kurz vor dem Servieren beigemischt werden um seine wertvollen und empfindlichen Inhaltsstoffe nicht zu zerstören. Außerdem ist die Konsistenz von gutem Kokosmus etwas gröber in der Textur und weniger sahneähnlich als Kokosmilch, da es nicht so fein gemahlen werden kann (sonst erhitzt es sich wohl zu stark). Kokosmus eignet sich auch für die Rohkosternährung.

# Die Rezepte

## MANGOLD – KOKOS – SUPPE

*3 Portionen*

*500 g Mangold*
*200 ml Kokosmilch*
*300 ml Gemüsefond*
*2 Knoblauchzehen*
*1 Schalotte*
*1 Chilischote*
*1 Messerspitze Zimt*
*1 Messerspitze Muskatnuss*
*1 TL Kokosöl*
*evtl. 1 TL Kokosblütenzucker*
*2 EL Pinienkerne*
*Salz*

1. Mangold gut waschen, trocken schütteln. Strunkansatz abschneiden, dann die dicken weißen (oder roten, je nach Sorte) Blattstiele aus den einzelnen Blättern herausschneiden und in 1 cm breite Streifen schneiden. Die Blätter noch feiner aufschneiden und beides beiseite stellen (nicht vermischen). Knoblauchzehen und Schalotte schälen, Ansatz entfernen und fein schneiden. Pinienkerne in einer heißen Pfanne trocken goldbraun anrösten, sie werden jedoch schnell zu dunkel, daher immer dabei bleiben und rühren oder die Pfanne schwenken!

2. In einer Pfanne das Kokosöl schmelzen lassen und die Knoblauch- und Schalottenwürfel darin glasig anschwitzen. Die Mangoldstiele nun zugeben und 5 Minuten lang dünsten. Jetzt die Blattstreifen zugeben und weitere 2 Minuten lang unter Rühren braten. Mit der Kokosmilch und dem Gemüsefons ablöschen, 10 Minuten lang weich kochen.

3. Die Chilischote mit einem scharfen Messer sehr fein aufschneiden, dabei die Kerne vorher entfernen.

4. Das Gemüse nun mit einem Pürierstab fein mixen. Chili zugeben, Zimt und Muskatnuss einrühren. Mit Salz und Kokosblütenzucker abschmecken. Mit den gerösteten Pinienkernen bestreut servieren.

# KOKOS – MAISSUPPE
# MIT HÜHNCHEN

*400 g Hühnerbrust*
*400 ml Kokosmilch*
*400 ml Geflügelfond*
*2 Knoblauchzehen*
*2 Schalotten*
*4 EL Sojasauce*
*1 TL rote Thai-*
*Currypaste*
*1 TL Currypulver*
*1 EL Kokoszucker*
*1 Dose*
*Gemüsemais, 200 g*
*frisches Basilikum*
*1 Salatherz*

1. Knoblauchzehen sowie auch die Schalotten schälen, Ansatz entfernen und fein schneiden. Hühnerbrust waschen trocken tupfen und quer zur Faser in feine Streifen schneiden. Salatherz waschen und ebenfalls in Streifen schneiden.

2. Wok erhitzen, Knoblauch- und Schalottenwürfel darin kurz anbraten. Currypaste einrühren, mit der Kokosmilch ablöschen. Hühnerfond und Hühnerfleisch zugeben. 5 Minuten lang unter Rühren sehr heiß kochen lassen. Mit Sojasauce, Currypulver und Kokosblütenzucker abschmecken.

3. Gemüsemaisdose öffnen, die Flüssigkeit wegschütten und die Maiskörner zur Suppe geben, 2 Minuten lang erhitzen. Auf die Suppenteller verteilen und mit den Salatstreifen sowie dem Basilikum bestreut servieren.

# FENCHELCREMESUPPE

**2 Portionen**

*2 kleine
Fenchelknollen
½ rote Zwiebel
200 ml Geflügelfond
100 ml Wasser
3 TL Kokosmus
10 g Ingwer
Salz
Pfeffer
2 Scheiben Toastbrot
1 TL Kokosöl*

*Soll die Suppe
feincremiger
werden, so streicht
man sie vor dem
Servieren durch
ein feines Sieb.*

1. Fenchel putzen und grob würfeln. Zwiebel schälen und klein schneiden. Ingwer schälen und fein reiben. Toastbrot entrinden und in Würfel von 1 x 1 cm schneiden.

2. Einen Kochtopf erhitzen, die Zwiebelwürfel kurz trocken anrösten. Den Fenchel hinein geben und mit dem Fond ablöschen. Wasser zugeben und abgedeckt 10 Minuten lang weich kochen.

3. In einer beschichteten Pfanne das Kokosöl erhitzen und die Toastbrotwürfel darin von allen Seiten kross braten. Den weich gegarten Fenchel mit einem Pürierstab fein pürieren. Ingwer einrühren, das Kokosmus darin auflösen. Mit Salz und Pfeffer abschmecken. Mit den Brotstücken bestreut servieren.

# SÜSSKARTOFFELSTAMPF

4 Portionen (Beilage)

*2 Süßkartoffeln,
mittelgroß
200 ml Kokosmilch
2 cm Ingwer, frisch
½ TL Paprikapulver
2 EL Sojasauce, hell
1 Messerspitze
Kardamom, gemahlen
¼ TL Muskatnuss
¼ TL Kurkuma
(alternativ Currypulver)
1 Prise Zitronenschale
Pfeffer
Salz*

1. Die gewaschenen Süßkartoffeln schälen, in mittelgroße Stücke schneiden und in kochendem Salzwasser etwa 20 Minuten lang weich kochen.

2. Ingwer schälen und fein reiben. Kokosmilch mit den Gewürzen (außer dem Salz), der Sojasauce und dem Ingwer in einem Kochtopf aufkochen lassen. Das Kochwasser der Süßkartoffeln abgießen und mit einem Stampfer die Süßkartoffeln zerdrücken. Die heiße Kokosmilch zugeben. Mit einem Mixer fein rühren, mit Salz und dem Zitronenabrieb abschmecken und sofort servieren.

# FORELLENMOUSSELINE

Horsd'œuvre
für 4 Personen

*120 g geräuchertes
Forellenfilet ohne Haut
50 ml Kokosmilch
1 EL Zitronensaft
2 Eiweiß
1 Beutel
Gelatinepulver (9 g)
1 EL Kokosmilch
1 TL Thymian
Salz
Pfeffer
1 EL Himbeeressig*

Zum Anrichten
*Weißbrotscheiben oder
Ciabatta, geröstet
1 Kressebeet*

1. Das grätenfreie Forellenfilet mit gemahlenem Pfeffer, Zitronensaft und 50 ml Kokosmilch in ein Mixgefäß geben und mit einem Mixstab fein pürieren. Mit Salz und dem Himbeeressig abschmecken (der Fisch ist an sich bereits salzig, daher eher sparsam dosieren).

2. Das Eiweiß mit 1 kleinen Prise Salz in einem fettfreien Gefäß zu Schnee schlagen.

3. Die Gelatine in der Kokosmilch anrühren. In einem kleinen Kochtopf kurz erhitzen, bis sie sich aufgelöst hat. Dann in die Forellenpaste einrühren, gleichmäßig verteilen.

4. Eine passende Form mit Klarsichtfolie auskleiden. Den Eischnee unter den Fisch heben und in die Form füllen. Im Kühlschrank abgedeckt 2 Stunden lang fest werden lassen. Danach mit einem nassen Löffel Klößchen ausstechen, mit der Kresse bestreut zu den gerösteten Brotscheiben servieren.

# FEINE GEFLÜGELLEBERPASTETE
# MIT CRANBERRIES

6 Portionen (Starter)

300 g Hühnchenleber
200 g Hühnchenbrust
100 ml Kokosmilch
1 ½ EL Kokosöl
2 Knoblauchzehen
10 – 12
Basilikumblätter
3 Zweige Thymian
1 Zweig Rosmarin
1 EL mediterraner
Kräuteressig[1]
50 g Cranberries,
getrocknet und
ungeschwefelt
½ Packung Tortenguß,
rot
100 ml Cranberrysaft
1 L Wasser
1 Prise Paprika
Salz
Pfeffer

1. Die Leber und das Fleisch waschen und mit Küchenpapier trocken tupfen. Fett und Zwischenhäute mit einem scharfen Messer entfernen, dann in mittelgroße Stücke schneiden. Das Wasser in einem Topf aufkochen und die Kräuter, den Essig und die geschälten und angedrückten Knoblauchzehen zugeben. Die Fleisch- und Leberstücke nun darin bei niedriger Hitze 15 Minuten lang gar kochen.

2. Das Wasser abschütten, Kräuter entfernen, den Knoblauch zur späteren Verwendung aufheben. Das gar gekochte Fleisch und die Leberstücke nun mit kaltem Wasser abspülen und in eine Schüssel geben, wo sie auskühlen sollen.

3. Den gekochten Knoblauch, das Kokosöl, die Kokosmilch nun unterrühren und alles mit einem Mixstab fein pürieren, bis die Masse glatt ist. Die Cranberries fein hacken und untermischen. Mit Salz, Pfeffer und Paprika abschmecken.

4. Die Masse nun in eine kleinere Pastetenform füllen und mit den gewaschenen Basilikumblättern bedecken. Mit Alufolie gut bedecken und bei 100 Grad im vorgeheizten Backofen auf der 2. Schiene von unten 45 Minuten lang garen. Danach auskühlen lassen.

5. Den Tortenguss mit dem Cranberrysaft und einer Prise Salz glatt rühren und nach Anleitung kurz in einem Kochtopf kochen. Löffelweise noch heiß über die Pastete geben. Mit Alufolie bedecken und noch ein paar Stunden oder über Nacht im Kühlschrank ruhen lassen vor dem Verzehr.

[1] Siehe „Aroma - Essig hausgemacht: Selbst ansetzen und genießen" erschienen im Compbook Verlag, ISBN 3934473326

# HUMMERCREMESUPPE

4 Portionen

2 Hummer im Eisblock,
Abtropfgewicht je
375 g, vorgekocht
40 g gehackter Ingwer
2 Schalotten
½ TL rosa Beeren
1-2 Chilischoten
500 ml Wasser oder
Fischfond
500 ml Weißwein
(trocken)
400 ml Kokosmilch
1 EL Kokoszucker
1 EL Fischsauce,
asiatisch
2-3 EL Suppengrün
(frisch oder getrocknet)
2 EL Cognac
½ TL
Zitronenschalenabrieb
1 EL Butter
4 Scheiben Ciabatta
(alternativ weißes
Toastbrot ohne Rand)
2 EL Kokosöl

*Restlichen
Hummerfond
portionsweise
einfrieren: damit
lässt sich jederzeit
eine leckere Sauce
zu Meeresfrüchten
zaubern*

1. Die Hummer über Nacht im Kühlschrank auftauen lassen. Das Auftauwasser wegschütten. Die Hummerschalen mit einem Fleischklopfer leicht anknacken und das Fleisch auslösen: den Rumpf abtrennen, dann den hinteren Teil mit einem scharfen Messer längs halbieren. Das Fleisch aus den Scheren mit einer Gabel herausziehen, aus dem Schwanzsegment auslösen. Das Fleisch anschließend in mundgerechte Stücke schneiden und beiseite stellen.

2. Die Karkassen (Schalen und Rumpf) mit dem Ingwer, den geviertelten Schalotten und dem Suppengemüse in einem Topf in 1 EL Butter kurz anrösten. Mit dem Fond (oder Wasser) und dem Wein aufgießen und 20 Minuten lang kochen. Durch ein Sieb filtern, den Fond dabei auffangen.

3. Die Chilischoten in feine Streifen schneiden. Die Kokosmilch in einem Topf erhitzen. Chilistreifen, Kokosblütenzucker, Zitronenschalenabrieb und 500 ml vom Hummerfond zugießen. Die roten Beeren mit dem Messerrücken leicht andrücken und zugeben. Das gewürfelte Hummerfleisch 2 Minuten lang in der Suppe erwärmen.

4. Das Ciabatta in Croutons schneiden und im Kokosöl in einer Pfanne rundherum kross braten. Die Suppe mit Cognac und Salz abschmecken, eventuell noch etwas vom Hummerfond zugeben. In Suppenteller geben, das Hummerfleisch dabei gleichmäßig verteilen. Die Kokos-Croutons darüber streuen und sofort servieren.

# KOKOS – KRABBENCREME AUF TOAST

4 Portionen (Starter)

4 Scheiben Vollkorn-
Sandwichtoast
60 g Nordseekrabben
100 g Kokosöl
50 g Forellenkaviar
½ - 1 Kressebeet
1 TL Tomatenmark
½ TL Kokoszucker
1 Spritzer Zitronensaft
1 Spritzer Tabasco
Salz
Pfeffer

1. Kokosöl erst in einem Töpfchen schmelzen lassen, falls es fest ist, sonst direkt mit 40 g Krabben, 30 g Forellenkaviar, Tomatenmark, Kokosblütenzucker und Zitronensaft in ein Mixgefäß geben. Mit einem Pürierstab fein mixen. Mit Salz, Pfeffer und Tabasco abschmecken. Für 1 – 2 Stunden in den Kühlschrank geben.

2. Den Toast goldbraun rösten. Abkühlen lassen und dick mit der Krabbencreme bestreichen. Jede Scheibe in 4 Dreiecke schneiden. Je 2 mit den restlichen Krabben und 2 mit dem restlichen Forellenkaviar garnieren und mit Kresse bestreut servieren.

# GRAVED LACHSFORELLE

4 – 6 Portionen
(Starter)

360 g Lachsforellenfilet

Beize
80 g Kokoszucker
1 TL Zitronenschalen-
abrieb
50 g grobes Meersalz
2 TL geschroteter
Pfeffer
20 Stängel Dill
20 Stängel
Koriandergrün
(alternativ Basilikum)
1 TL Korianderkörner
4 TL Chiliöl
(Olivenölbasis)

1. Forellenfilet waschen und trocken tupfen. Auf ein Stück Klarsichtfolie (40 cm ca.) legen. Dill und Koriander waschen, trocken schütteln und klein hacken. Die Beize anrühren aus den genannten Gewürzen und den gehackten Kräutern. Das Filet nun von allen Seiten damit gut bedecken und es dann fest in die Klarsichtfolie wickeln. In eine passende Form legen und mit Brettchen (funktioniert auch mit Dosen oder Flaschen) beschwert in den Kühlschrank geben. Dort 12 bis 18 Stunden lang beizen, zwischendurch mindestens einmal umdrehen.

2. Aus dem Kühlschrank nehmen, auswickeln und die Lake mit kaltem Wasser abwaschen bzw. Salz und Gewürze sanft abkratzen. Mit einem scharfen Messer dünn aufschneiden. Mit Brot und evtl. Meerrettichsahne (oder Meerrettich-Kokossahne) servieren.

# GRÜNES ERBSENPÜREE

4 Portionen (Beilage)

150 g Erbsen (TK oder
Dose, abgetropft)
50 ml Gemüsefond
100 – 150 ml
Kokosmilch
2 EL Mandeln,
gehobelt
Muskatnuss
Salz
Pfeffer
nach Belieben 1 TL
Chiliöl

1. Die gefrorenen Erbsen in eine Schüssel geben und auftauen lassen. Mit dem Gemüsefond in einen Kochtopf geben und 5-10 Minuten bei niedriger Hitze weich kochen, bzw. Erbsen aus der Dose abtropfen, mit dem Fond 2 Minuten lang erhitzen.

2. Die Pinienkerne in einer Pfanne ohne Fett unter Rühren goldgelb rösten.

3. 100 ml Kokosmilch zu den Erbsen geben und mit einem Pürierstab sehr fein mixen, evtl. Kokosmilch nachgeben, wenn das Püree flüssiger werden soll. Dann durch ein Sieb streichen, damit es noch feincremiger wird. Nochmals erhitzen und mit Salz, Pfeffer und Muskatnuss würzen. Wenn gewünscht, mit Chiliöl abschmecken. Mit den Pinienkernen bestreut servieren.

# SPITZKOHL – KOKOS – GEMÜSE

4 Portionen (Beilage)

1 Spitzkohl, ca. 800 g
1 EL Kokosöl
1 TL Kreuzkümmel,
ganz
70 g Kokosmilchpulver
150 ml Geflügelfond
Pfeffer
Kräutersalz
1 Messerspitze
Kochnatron

1. Den Spitzkohl halbieren, äußere Blätter entfernen und Strunk herausschneiden. In 1 cm breite Streifen schneiden und in eine Schüssel geben. Mit kaltem Wasser gründlich waschen, dann das Wasser durch ein Sieb abschütten.

2. Kokosöl in eine große Pfanne oder Wok schmelzen lassen. Die Spitzkohlstreifen zugeben und unter Rühren 2 Minuten lang sehr heiß anbraten. Mit dem Geflügelfond ablöschen.

3. Kreuzkümmel im Mörser grob zermahlen und dem Spitzkohl zugeben. 20 bis 25 Minuten lang abgedeckt weich kochen, dabei öfter umrühren.

4. Das Kokosmilchpulver nach und nach einrühren, so dass sich keine Klümpchen bilden. Natron in etwas Wasser auflösen und zugeben. Mit Salz und Pfeffer abschmecken und servieren.

# Hauptgerichte

## *Fleisch und Geflügel*

## HÜHNERFRIKASSEE

---

**4 Personen**

1 gekochtes oder
gegrilltes Hähnchen,
abgekühlt
1 rote Zwiebel
1 EL Currypulver (sehr
gutes, z. B.
Maharadscha-
Hochzeitscurry)
1 EL Kokosöl
1 TL Kokoszucker
200 ml Kokosmilch
200 ml Geflügelfond
evtl. 1 EL Balsamico
Salz
Pfeffer

*Besonders fix
zubereitet ist das
Frikassee, wenn
man ein am Vor-
tag fertig gekauftes
Grillhähnchen
verwendet - aber
auch die
entsprechende
Restemenge eignet
sich gut hierfür.
Dazu Reis oder
Nudeln und Salat
servieren.*

1. Das kalte Hähnchen auslösen: dazu die Haut und Knochen entfernen (aus diesen lässt sich prima eine Hühnerbrühe kochen mit 1 Zwiebel und etwas Suppengemüse!). Die Zwiebel schälen und klein schneiden.

2. Zwiebelwürfel im Kokosöl in einer Pfanne glasig schwitzen. Dann das ausgelöste Fleisch zugeben. Mit Kokosmilch und Fond ablöschen. Currypulver zugeben und 5 Minuten lang köcheln lassen. Mit Salz und Pfeffer und nach Belieben etwas Balsamico würzen und mit einer Beilage servieren.

# MARINIERTE HÜHNCHENSTREIFEN
## AUF SALAT

---

*500 g*
*Hühnchenbrustfilet*
*1 Schalotte*
*1 Knoblauchzehe*
*2 TL Tamarindenpaste*
*4 EL Sojasauce,*
*dunkel*
*2 EL Kokoszucker*
*1 EL Kokosöl*
*1 Beet Kresse*
*3 Salatherzen*
*12 Cocktailtomaten*
*10 g Ingwer, frisch*
*300 ml Kokosmilch,*
*80 %*
*abgeriebene Schale 1*
*unbehandelten Limette*
*1 TL rote Currypaste*
*nach Belieben 1 kleine*
*rote Chilischote*

*Dazu passen*
*Reis, frische*
*Brötchen oder*
*Kartoffeln*

1. Das Brustfilet waschen und mit Küchenkrepp trocken tupfen. In dünne Streifen schneiden. Tamarindenpaste mit 1 EL Zucker und Sojasauce verrühren. Knoblauch und Schalotte sehr fein hacken und der Marinade zugeben. Das Fleisch zugeben und 15 Minuten lang darin ziehen lassen.

2. Den Ingwer schälen und mit einem sehr scharfen Küchenmesser oder einem kleinen Hobel in hauchdünne Scheibchen schneiden. Wenn gewünscht, die Chilischote waschen und ebenfalls in sehr feine Scheiben schneiden. Die Currypaste in einen kleinen Topf geben und darin erhitzen lassen. Den restlichen Zucker, die Limettenschale, die Kokosmilch zufügen und den Chili zugeben und bei leichter Hitze köcheln lassen. Mit Salz abschmecken, eventuell etwas Limettensaft zufügen und warm stellen.

3. Das Kokosöl in eine beschichtete Pfanne geben und bei wenig Hitze schmelzen lassen (Stufe 1-2). Das Fleisch samt der Marinade darin bei langsam gar braten (etwa 10 Minuten).

4. Die Salatherzen und die Tomaten waschen und trocken schütteln bzw. tupfen. Äußere Salatblätter entfernen und den Strunk abschneiden. Den Salat nun in ca 0,5 cm breite Streifen schneiden und auf Tellern anrichten. Die Tomaten in dünne Scheiben schneiden und ebenfalls hinzufügen.

5. Die Hühnchenstreifen aus der Pfanne nehmen und in der Mitte des Tellers anrichten. Die Kokossauce über Salat und Fleisch träufeln. Obenauf etwas Kresse geben und servieren.

# GEFLÜGELLEBER
## MIT APFEL – SCHALOTTEN

2 Portionen

300 g Hühner- Puten-,
oder Entenleber
2 Äpfel, säuerlich
3 Schalotten
300 ml Kokosmilch
1 TL Kokoszucker
1 TL Zitronenschalen-
abrieb
1 Chilischote
8 cm Ingwer
1 TL Paprika
2 TL Kokosöl
Salz

2 EL Sprossen (wie
Alfalfa) zum Garnieren

*Dazu passt Reis
aber auch ein
leckeres Baguette
sowie Salat*

1. Die Lebern waschen, Zwischenhäute und Sehnen herausschneiden. Die Lebern dann in mundgerechte Stücke schneiden.

2. Die Schalotten schälen und in dünne Scheiben schneiden. Äpfel schälen, Kernhaus entfernen und klein würfeln. Ingwer schälen und in dünne Scheiben schneiden oder fein hacken. Chilischote klein schneiden.

3. 1 TL Kokosöl in einer Pfanne schmelzen und die Schalottenscheiben kurz darin anbraten. Ingwer, Chili und Apfelstücke zugeben, 3 Minuten lang unter Rühren braten, dann mit der Kokosmilch ablöschen. Kokoszucker und Zitronenschalenabrieb zugeben, bei niedriger Hitze weiter köcheln.

4. In einer beschichteten Pfanne das restliche Kokosöl erhitzen und die Leberstücke darin von jeder Seite 2 Minuten lang braten. In die Kokos-Fruchtsauce geben und darin weitere 2 Minuten lang dünsten. Mit Paprika und Salz abschmecken und mit den Sprossen bestreut servieren.

# HÜHNCHEN MIT ANANAS – SPARGEL
# IN ROTEM CURRY

4 Portionen

400 g Hühnerbrustfilet
250 g Ananasfleisch,
frisch oder aus der
Dose (im eigenen Saft)
500 g weißer Spargel
2 Basilikumzweige
1 EL rote Currypaste
1 EL Kokoszucker
3 EL Sojasauce
350 ml Kokosmilch
(60 % ig)
100 ml Wasser oder
Geflügelfond
3 Kaffirlimettenblätter
(alternativ ½ TL
Zitronenschale)
250 g Thai-Duftreis
1 EL Kokosöl
2 EL Sojasauce, hell

*Wer es extra scharf mag kocht noch 1 - 2 rote Peperoni mit (längs halbieren, Kerne entfernen, in dünne Scheiben schneiden)*

1. Einen mittelgroßen Kochtopf mit dem Kokosöl erhitzen. Den Reis einrühren und 2 Minuten lang unter Rühren darin anrösten. Mit Wasser ablöschen, so dass der Reis etwa 1 Daumenbreit bedeckt wird. Sojasauce zugeben und abgedeckt bei niedriger Hitze weich garen. Gelegentlich umrühren. Ist der Reis fertig, die Hitze auf die niedrigste Stufe herunterschalten.

2. In der Zwischenzeit die Spargelstangen waschen, Enden abschneiden, gründlich schälen und schräg in 1 cm lange Stücke schneiden. In kaltes Wasser legen bis sie verwendet werden.

3. Hühnerfilets waschen und trocken tupfen. Sehen und Fett entfernen, das Fleisch dann in mundgerechte Stücke schneiden.
Basilikum waschen und trocken schütteln, die Blätter dann in Streifen schneiden. Frische Ananas schälen, harten Strunk entfernen und würfeln bzw. die Dose öffnen und die Ananasstücke durch ein Sieb geben.

4. Kokosmilch, Currypaste und Kokoszucker in einen Wok oder eine große Pfanne schütten. 2 Minuten lang kochen. Limettenblätter zugeben (werden später wieder entfernt). Verwendet man die Zitronenschale, dann kommen diese jedoch erst kurz vor dem Abschmecken dazu. Die Spargelstücke (ohne das Wasser) nun zufügen und 3 Minuten lang kräftig wallend kochen lassen. Dann das Hühnerfleisch hinein geben und weitere 5 Minuten lang kochen, bis die Fleischstücke gar sind.

5. Die Ananas einrühren, mit Sojasauce abschmekken. Reis und das Curry auf Tellern anrichten und mit dem Basilikum bestreut servieren.

# CURRY – SCHENKEL

**4 Personen**
**(leicht scharf!)**

*12 Hühnerschenkel*
*(ohne Rückenstück)*
*500 ml Geflügelfond*
*200 g Kokoscreme*
*(pastös)*
*2 TL Kokoszucker*
*3 TL Limetten-*
*currypulver*
*1 EL Koriandergrün*
*(oder Basilikum)*
*3 EL Ketjap Manis*
*1 Chilischote*
*Salz*

*Beilage:*
*zum Beispiel*
*Kürbis-*
*Karottengemüse*
*und Reis*

1. Die Hühnerschenkel waschen und trocken tupfen. Das Fleisch auslösen, also den Beinknochen ganz herausschneiden. Mit dem Limettencurrypulver einreiben und 30 Minuten lang im Kühlschrank einziehen lassen.

2. Danach einen beschichteten Wok (alternativ eine beschichtete Pfanne) trocken erhitzen. Das Hähnchenfleisch mit der Hautseite nach unten 2 – 3 Minuten lang goldbraun braten, danach auf die andere Seite wenden. Nach 3 Minuten die Kokoscreme zugeben und schmelzen lassen. Mit dem Geflügelfond ablöschen. 20 Minuten lang zugedeckt auf mittlerer Stufe köcheln lassen.

3. Die Chilischote klein schneiden. Soll es nicht so scharf werden, die Kerne vorher entfernen. Chili, Kokoszucker und Ketjap Manis einrühren. 5 Minuten lang weiterköcheln lassen, dann mit Salz abschmecken. Mit dem grob zerzupften Koriander- oder Basilikumblättern bestreut servieren.

# PIKANTE
# ZITRONENHÄHNCHENSPIESSE

3 Personen (scharf!)

*5 Hühnerschenkel*
*1 EL Kokosöl*
*Saft und Schale*
*von 1 Limone*
*1 EL Kokoszucker*
*4 EL Sojasauce*
*1 TL Ingwer, gerieben*
*1 TL Knoblauch, fein*
*gehackt*
*3 EL Curryketchup*
*200 ml Geflügel- oder*
*Gemüsefond*
*Holzspießchen*

*Bereits über Nacht marinieren, dann wird das Fleisch besonders aromatisch und zart!*

1. Die Hühnerschenkel waschen und trocken tupfen. Das Fleisch vom Knochen lösen und in möglichst gleichgroße Stücke schneiden, die Haut dabei abziehen.

2. Limone mit heißem Wasser abspülen und abtrocknen. Schale der Limone mit einer Reibe dünn abraspeln. Saft auspressen. Schale, Saft, geriebenen Ingwer und gehackten Knoblauch mit Kokoszucker, Sojasauce und Curryketchup zu einer Marinade anrühren. Das Fleisch darin einlegen und mit Klarsichtfolie eingepackt im Kühlschrank 1 Stunde lang (besser noch über Nacht) ziehen lassen.

3. Anderntags die Fleischstücke aus der Marinade nehmen und jeweils 3 bis 4 Fleischstücke auf 1 Holzspieß stecken. In einer Pfanne das Kokosöl erhitzen und die Spieße darin von allen Seiten jeweils 3-4 Minuten lang scharf anbraten. Mit dem Fond ablöschen, restliche Marinade einrühren und weitere 5 Minuten lang bei mittlerer Hitze garen. Mit Sojasauce abschmecken und servieren. Dazu passt Reis oder Ingwerkartoffeln.

# FRUCHTIGES ENTENBRÜSTCHEN
# AUF KNUSPERREIS

## 2 Portionen

*ca. 400 g Entenbrust*
*1 Limone*
*1 Spritzer Zitronensaft*
*2 Äpfel, mittelgroß*
*3 Clementinen*
*1 rote Paprika*
*1 Sternanis*
*1 EL Kokoszucker*
*1 EL Kokosöl*
*200 ml Geflügelfond*
*50 ml Weißwein*
*1 Schalotte*
*2 EL Cashewnüsse*
*Salz*
*Pfeffer*
*Paprika, rosenscharf*
*120 g Reis (ungekocht gewogen, am besten bereits am Vortag kochen)*

1. Entenbrust waschen, trocken tupfen, überstehende Fettränder abschneiden. Mit einem scharfen Messer die Haut rautenförmig sauber einschneiden, dabei jedoch nicht bis auf das Fleisch schneiden.

2. Äpfel schälen, Kernhaus herausschneiden, Fruchtfleisch fein würfeln und mit etwas Zitronensaft beträufeln damit es nicht braun wird und beiseite stellen. Schalotte schälen und fein schneiden. Paprika waschen und in Streifen schneiden. Clementinen und Limone auspressen, den Fruchtsaft mit dem Zucker in eine Pfanne geben und zum Kochen bringen. Sternanis und Schalottenwürfel zugeben und kurz durchrühren.

3. Die Entenbrüste in den Fruchtfond geben (die Hautseite zuerst) und von beiden Seiten jeweils 2 Minuten lang anbraten. Herausheben und in eine feuerfeste Form geben. Mit Salz, Pfeffer und Rosenpaprika bestreuen. Backofen vorheizen.

4. Fruchtsauce mit Geflügelfond ablöschen. Apfelstücke und Nüsse dazugeben und 5 Minuten lang reduzieren. Den Sternanis entfernen und die Sauce über die Entenbrust geben. Im Backofen bei 200 Grad (Umluft 180 Grad) 20 Minuten lang braten. Anschließend das Fleisch herausheben und in Alufolie gewickelt 5 Minuten lang ruhen lassen, damit sich der Fleischsaft gut verteilt.

5. In der Zwischenzeit den gekochten Reis in einer Pfanne bei niedriger Hitze im Kokosöl knusprig braten. Dabei immer wieder wenden. Anschließend mit Salz, Pfeffer und etwas Paprika würzen.

6. Die Entenbrust in Scheiben schneiden. Mit der Sauce beträufeln und mit den Früchten, den Paprikastreifen und den Nüssen sowie dem Knusperreis servieren.

# SCHWEINEBRATEN
# MIT BLAUKRAUT

**6 - 8 Personen**

*2 kg magerer
Schweinebraten
(Schulter mit Schwarte)
1 L Bier (Helles)
100 ml Fleischfond
8 Cocktailtomaten
2 Karotten
1 Petersilienwurzel
3 kleine Zwiebeln
9 Nelken
1 gestrichener
EL Kokoszucker
1 TL Kokosöl
½ TL Kümmel
½ TL Koriandersamen
½ TL Senfkörner
5 cm Ingwer
1 TL Paprika, scharf
1 TL Senf
1 TL Tomatenmark
1 TL Kokosmehl
zum Abbinden
1 TL Salz
½ TL Pfeffer*

**Beilage**
*1 Glas Rotkraut
1 EL Agavensirup
1 Prise Zimt
1 Schuss Apfelsaft*

*Salzkartoffeln oder
Knödel*

*Am Vorabend
eingelegt wird das
Fleisch besonders
fein*

1. Das Fleisch waschen und trocken tupfen. Mit einem scharfen Messer die Schwarte gleichmäßig rautenförmig einritzen.

2. Kümmel, Koriander und Senfsamen im Mörser grob mahlen. Mit Paprika, Salz und Pfeffer vermischen und mit dem Fond zu einer weichen Paste anrühren. Das Fleisch damit gründlich einreiben und alles in eine geeignete Gefriertüte geben. Verschließen und im Kühlschrank mindestens 1 Stunde lang (besser über Nacht) ruhen lassen.

3. Anderntags die Karotten und die Petersilienwurzel waschen, schälen und in Stücke schneiden. Die Zwiebeln schälen und mit je 3 Nelken spicken.

4. Das Fleisch in einer heißen Pfanne im Kokosöl von allen Seiten 1 Minute lang anbraten. Aus der Pfanne nehmen und in eine Bratenreine auf die gespickten Zwiebeln setzen. Die Karotten- und die Petersilienwurzelstücke in den Bratansatz geben. Kokoszucker, Senf und Tomatenmark einrühren und alles kurz scharf anbraten. Mit einem Schuss Bier ablöschen. Zum Fleisch schütten, das Gemüse daneben anordnen. Den Ingwer schälen und klein schneiden, dann zugeben. Mit dem Bier begießen und alles im vorgeheizten Backofen zuerst 2 Stunden bei 100 Grad, danach noch 1 Stunde bei 180 Grad braten. Dabei das Fleisch alle 30 Minuten lang mit dem Bratenfond übergießen, Gemüsestücke vom Fleisch entfernen.

5. 10 Minuten vor dem Servieren Rotkraut und Apfelsaft erhitzen, mit Agavensirup und Zimt würzen.

6. Den Braten aus der Reine nehmen und kurz ruhen lassen, während der Bratenfond durch ein Sieb in einen kleinen Kochtopf gegossen wird. Mit Kokosmehl abbinden, salzen und pfeffern und durch ein Sieb in die Sauciere geben. Mit Rotkraut und Knödeln oder Kartoffeln servieren.

# GEWÜRFELTER SCHWEINENACKEN

**4 Portionen**

*1 kg Schweinenacken,
ausgelöst
2 Tomaten
3 Frühlingszwiebeln
3 EL Kokosmilch
1 EL Kokosöl
300 g braune
Champignons (oder
Shiitake)*

Marinade:

*1 EL Kokosmilch
1 Schalotte
2 EL Tamarindenpaste
1 EL Kokoszucker
5 EL Sojasauce
2 Knoblauchzehen
1 TL Tomatenmark
1 Chilischote*

*Dazu passt der
Süßkartoffelstampf
sehr gut*

1. Schalotte, Knoblauch und Chilischote fein schneiden. Mit den aufgeführten Zutaten eine Marinade anrühren.

2. Schweinenacken waschen und trocken tupfen. Fettränder wegschneiden und das Fleisch in etwa 1,5 x 1,5 cm große Würfel schneiden. In die Marinade geben und gut vermischen. Darin 15 - 30 Minuten lang ziehen lassen.

3. In einer großen Pfanne oder einem Wok 1 EL Kokosöl schmelzen lassen. Die Fleischwürfel aus der Marinade heben und darin unter Rühren gut durchbraten.

4. Die Champignons kurz mit Wasser abbrausen oder mit einem Bürstchen trocken abreiben und je nach Größe vierteln oder in Scheiben schneiden. Nach 10 Minuten Bratzeit die Champignons zum Fleisch geben und weitere 7 Minuten abgedeckt dünsten.

5. Tomaten würfeln, Frühlingszwiebeln waschen, putzen und schräg in 1 cm lange Stücke schneiden. Ebenfalls in die Pfanne geben sowie 3 EL Kokosmilch sowie eventuelle Reste der Marinade. Etwa 3 Minuten lang weiter braten, abschmecken und ggfs. nachwürzen.

# SPARGEL MIT KOKOS – HOLLANDAISE
## AN KALBSKOTELETTS

**4 Portionen**

*4 Kalbskoteletts*
*800 g weißer Spargel*
*2 Zweige Rosmarin*
*50 ml trockener*
*Weißwein (wie*
*Riesling, Pinot Grigio)*
*1 TL Kokosöl*
*Kräutersalz*


Hollandaise:

*50 g Kokosöl*
*2 Eigelbe*
*1 Zweig Estragon*
*1 EL Weißwein*
*1 TL Estragonessig*
*Salz*
*Pfeffer*


Spargelkochwasser:

*1 TL Gemüsebrüh-*
*pulver*
*1 EL Kokoszucker*
*1 TL Kokosöl*
*Salz*
*1 TL Estragonessig*


*Dazu schmeckt ein*
*Wildkräutersalat*
*oder Pflücksalat*
*mit Estragon-*
*Vinaigrette und*
*Salzkartoffeln*

1. Spargel waschen, Enden abschneiden und gründlich schälen. Einen Kochtopf aufsetzen und Wasser zum Kochen bringen. Wie angegeben würzen. Die Spargelstangen darin bei mittlerer Hitze leicht bissfest kochen (ca. 10 Minuten).

2. Den Backofen auf 200 Grad vorheizen. Die Kalbskoteletts abwaschen, mit Küchentuch trocknen, mit Kräutersalz und Pfeffer würzen.

3. In einer Pfanne 1 TL Kokosöl erhitzen und die Koteletts darin auf jeder Seite 2 Minuten lang Farbe annehmen lassen. In eine ofenfeste Form geben oder in Kochpergament wickeln mit dem Bratfonds begießen. Die Nadeln von den Rosmarinzweigen zupfen und unter, auf und um das Fleisch setzen. Abgedeckt in den Backofen schieben und 10 Minuten auf der 2. Schiene von unten braten. Nach 10 Minuten den Backofen abschalten, öffnen und das Fleisch 3 – 5 Minuten lang nachruhen lassen. Soll das Fleisch mehr rosa sein, verkürzt die vorherige Garzeit um 2 Minuten und nimmt es anschließend komplett aus dem Ofen heraus.

4. Den Estragon waschen, die Blätter vom Stiel zupfen und fein hacken. 50 g Kokosöl bei wenig Hitze schmelzen lassen. Auf dem heißen (nicht kochenden, die Schüssel darf die Wasseroberfläche nicht berühren!) Wasserbad nun die Eigelbe mit etwas Salz, Pfeffer, 1 EL Weißwein und dem Estragonessig mit einem Schneebesen hellschaumig schlagen. Den gehackten Estragon zugeben und das geschmolzene Kokosöl sehr langsam hinein träufeln, dabei kräftig weiter schlagen. Abschmecken und die Kokos Hollandaise nun in eine Servierschüssel geben.

5. Den Spargel aus dem Kochsud heben und zusammen mit den Koteletts anrichten.

# KOKOSREIS
# MIT FRUCHTIGEN MINIRIBS

*Abbildung S. 37 oben*

**4 Portionen**

*300 g Reis*
*250 ml Kokosmilch*
*(60 % ig)*
*1 Schalotte*
*1 TL Salz*
*1 TL Kokoszucker*
*1 TL Currypulver*
*(z. B. Maharadscha-*
*Curry)*
*400 ml Gemüsefond*
*oder Wasser*
*1 Handvoll*
*Frische Kräuter*
*(Basilikum, Kresse,*
*Thai-Koriander etc.)*
*2 kg kleine Spareribs*
*1 EL Paprika*
*1 EL Curry*
*½ TL Salz*
*Pfeffer*
*2 EL säuerliches*
*Fruchtgelee (Orange,*
*Johannisbeere,*
*Schlehe oder Ingwer)*

1. Die Ribs waschen und die Rippen einzeln durchschneiden. Aus dem Curry, Paprika, Salz, Pfeffer mit 50 ml Wasser eine Marinade anrühren. Die Ribs damit einpinseln und in eine große Auflaufform legen. 200 ml Wasser dazu gießen und bei 180 Grad 45 Minuten lang auf der zweiten Schiene von unten schmoren lassen.

2. Die Schalotte schälen und klein würfeln. Den Reis in einen mittelgroßen Kochtopf geben. Schalottenwürfel, Kokosmilch, Fond (oder Wasser), Salz, Curry und Kokoszucker dazu geben und gut vermischen. Zum Kochen bringen, dann bei niedriger Hitze etwa 30 Minuten lang abgedeckt gar kochen, öfters umrühren währenddessen und nach Bedarf etwas Wasser nachgeben.

3. Das Gelee mit 50 ml Wasser und einer Prise Pfeffer in einer Tasse glatt rühren. Die Ribs damit auf der oberen Seite einpinseln. Im Ofen nochmals leicht Farbe annehmen lassen.

4. Vom fertig gegarten Reis jeweils ein paar Löffel in eine Tasse füllen und auf die vorbereiteten Teller anrichten. Ribs verteilen, mit Kräutern garnieren und servieren.

# RINDFLEISCHPFANNE
## MIT SCHALOTTEN

**2 Portionen**

400 g Rinderhüftsteaks
2 Schalotten
2 EL Balsamico
1 EL Kokosöl
1 EL Kokoszucker
100 ml Rotwein,
trocken
100 ml Wasser oder
Gemüsefond und
1 EL Kokosmehl
(alternativ zu Wasser
und Mehl 120 ml
Kokosmilch)

1. Schalotten schälen und klein schneiden. Mit dem Balsamico beträufeln und 10 Minuten lang ziehen lassen. Die Steaks waschen, trocken tupfen und in dünne Streifen schneiden. Kokosöl in einer Pfanne schmelzen lassen, die Schalottenwürfel hinein geben. Mit dem Kokoszucker bestreuen und alles glasig dünsten.

2. Nach etwa 5 Minuten die Fleischstreifen zufügen und unter Rühren 5 Minuten lang kurzbraten bei guter Hitze. Mit dem Rotwein ablöschen. Wasser oder Fond mit dem Kokosmehl glatt anrühren und zur Bindung dem Fleisch zugeben (wer eine feinere Konsistenz wünscht, nimmt dazu stattdessen die Kokosmilch). Kurz aufkochen, mit Salz und Pfeffer abschmecken und servieren.

# KOTELETTS IN TOMATENSAUCE

**4 Portionen**

4 Schweinekoteletts
1 EL Kokoszucker
2 EL Kokosmehl
1 EL Kokosöl
1 EL Tomatenmark
2-3 EL Sojasauce
250 ml Fleischbrühe
1 TL scharfer Senf
1 EL Paprika
Pfeffer
1 TL Oregano

1. Koteletts waschen, Knochen herausschneiden und mit dem Senf von beiden Seiten einpinseln. Mit dem Kokosmehl dünn bestäuben.

2. Kokosöl in einer Pfanne schmelzen und das Fleisch darin heiß von beiden Seiten je 3 Minuten lang anbraten. Mit der Brühe ablöschen. Tomatenmark und Kokoszucker darin auflösen und weitere 5 Minuten lang leicht köcheln lassen. Mit der Sojasauce, Pfeffer, Paprika und Oregano würzen und abschmecken und servieren.

# KANINCHENRAGOUT
## MIT STEINPILZTAGLIOLINI

*Abbildung S. 37 unten*

**4 Portionen**

*4 Kaninchenkeulen
(900 – 1000 g)
100 g getrocknete
Tomaten
2 rote Zwiebeln
1 kleine
Knoblauchzehe
1 EL Kokosöl (80 %)
200 ml Kokosmilch
200 ml Fond (Gemüse,
Wild oder Geflügel)
500 g Steinpilztagliolini
Salz
Pfeffer
1 Messerspitze Vanille
(aus der Mühle oder
gemahlenes Pulver)*

*Servieren Sie einen
Rucola- oder
grünen Salat mit
Balsamicovinai-
grette, evtl. mit
gehackten
Walnüssen bestreut
dazu*

1. Die Keulen waschen und mit einem Küchentuch trocken tupfen. Mit einem scharfen Messer das Fleisch von den Knochen lösen. In mundgerechte Würfel schneiden. Tomaten heiß abwaschen und durchsieben. Anschließend in kleine Stücke schneiden. Knoblauch und Zwiebel fein würfeln.

2. Kokosöl in einer Pfanne erhitzen. Zwiebeln glasig andünsten, Tomaten und Knoblauch zugeben und 3 Minuten lang bei mittlerer Hitze braten. Kaninchenfleisch zugeben und unter Wenden 4 Minuten lang heiß anbraten. Mit dem Fond ablöschen und abgedeckt bei mittlerer Hitze 15 Minuten lang köcheln.

3. Einen Topf mit Wasser zum Kochen bringen. Kräftig salzen und die Steinpilztagiolins nach Anleitung (etwa 3 – 5 Minuten lang) ziehen lassen. Kokosmilch in das Ragout einrühren, mit Salz, Pfeffer und Vanille würzen. Tagliolins abschöpfen und mit dem Kaninchenragout auf 4 Tellern anrichten.

**Tipp**
Die ausgelösten Knochen ergeben, in 1 L Wasser mit ½ Zwiebel, 2 EL getrocknetem Suppengemüse und ½ TL Korianderkörnern 2 Stunden lang auf die Hälfte eingekocht, eine sehr leckere Fleischbrühe!

# LAMMCURRY

*4 Portionen*

*600 g Lamm aus der
Schulter
2 rote Zwiebeln
150 g rote Linsen
1 rote Paprika
100 g Zuckerschoten
1 kleine Aubergine
2 Knoblauchzehen
400 ml Kokosmilch
1 Lorbeerblatt
½ TL Garam Masala
1 TL Kreuzkümmel,
ganz
½ TL schwarzer
Pfeffer, ganz
1 TL Koriander-
samen, ganz
½ TL Kurkuma
1 TL Kokosöl
1 TL Kokoszucker
1 - 2 TL Limettensaft
Salz
evtl. Koriander- oder
Basilikumblättchen
zum Bestreuen*

1. Kreuzkümmel, Koriander und Pfeffer im Mörser fein reiben. Das Fleisch waschen und trocken tupfen. Fett und Sehnen entfernen. In etwa 1 cm große Würfel schneiden. Zwiebeln und Knoblauch schälen und fein hacken (eventuell im Mixer). Zuckerschoten, Aubergine und Paprika waschen, putzen und in mundgerechte Würfel schneiden.

2. Einen Wok erhitzen und das Kokosöl schmelzen lassen. Alle Gewürze (nicht das Lorbeerblatt) sowie den Kokoszucker darin 1 Minuten lang anrösten. Die Lammwürfel zugeben und darin unter häufigem Wenden etwa 10 Minuten lang von allen Seiten braun anbraten.

3. Gehackte Zwiebel- Knoblauchmischung und das Lorbeerblatt zugeben und gut vermischen. 20 Minuten lang bei geschlossenem Deckel und mittlerer Hitze garen.

4. Das Gemüse zum Eintopf geben und 20 Minuten lang weiter kochen. Kurz bevor es weich ist, die Linsen mit kaltem Wasser gut durchspülen und einrühren. Circa 10 Minuten lang weitergaren, bei Bedarf etwas Wasser oder Gemüsebrühe zugeben. Das Lorbeerblatt entfernen. Mit Limettensaft, Salz und Pfeffer abschmecken. Nach Belieben mit Kräutern bestreut servieren.

# WASABI – FILETSPIESSE

4 Portionen

700 g Schweinefilet
4 kleine Schalotten
1 Paprika
2 EL Wasabipaste
1 EL Kokosöl
1 EL Kokoszucker
100 ml Rotwein,
trocken
150 ml Geflügelfond

zum Abbinden:

1 EL Kokosmehl
Salz
8 Holzspieße

*Als Beilage passen
Pasta, Kartoffeln,
Rösti oder Reis*

1. Schalotten schälen und jeweils vierteln. Paprika waschen, putzen, Kerne entfernen und in 16 gleichgroße Stücke schneiden. Das Schweinefilet waschen und trocken tupfen. Parieren (Fett und Sehnen mit einem scharfen Messer entfernen) und in 8 Scheiben aufschneiden, diese dann wiederum in insgesamt 24 Stücke schneiden. Das Fleisch salzen und mit der Wasabipaste dünn bestreichen. Auf die Spieße stecken: jeweils 3 Fleischstücke und dazwischen mit 2 Schalotten und 2 Paprika.

2. Kokosöl in einer Pfanne schmelzen lassen, die Spieße hinein geben und jeweils 1 Minute lang von jeder Seite scharf anbraten. Mit Rotwein und Geflügelfond ablöschen und abgedeckt 10 Minuten braten, dabei öfters wenden.

3. Die Sauce salzen, mit dem Kokoszucker süßen und nach Belieben mit dem Kokosmehl abbinden.

# FILETGULASCH
## MIT SÜSSKARTOFFELN

4 Portionen

*800 g Filet vom*
*Schwein oder Kalb*
*1 EL Sesamöl*
*1 TL Kokosöl*
*2 Süßkartoffeln*
*1 Knoblauchzehe*
*400 ml Kokosmilch*
*1 EL Cashewnüsse*
*1 kleine Dose Mais*
*Salz*
*Pfeffer*

*Beilage:*
*Karamellisierte*
*Ingwerkarotten*
*passen ganz*
*hervorragend zu*
*diesem Gericht!*

1. Süßkartoffeln waschen, schälen und würfeln. Filet waschen, trocken tupfen und sorgfältig parieren. Dann in 1,5 x 1,5 cm große Würfel schneiden. Knoblauchzehe schälen

2. Kokosöl und Sesamöl in einer Pfanne erhitzen. Filetwürfel von allen Seiten scharf anbraten (etwa 6 - 8 Minuten), dann herausnehmen und beiseite stellen.

3. Im Bratfonds die Süßkartoffeln einige Minuten unter Rühren anbraten bis sie leicht Farbe annehmen. Knoblauch hinein reiben. Mit der Kokosmilch ablöschen und 10 Minuten lang köcheln. Maisdose öffnen, Flüssigkeit abgießen und zugeben. Filetwürfel mit dem Fleischsaft, der sich mittlerweile gebildet hat, zum Gemüse geben, mit Salz und Pfeffer abschmecken und mit den Cashewnüssen bestreuen, dann anrichten.

# SCHWEINERÜCKENSTEAKS
## IN FRUCHTIGER BEGLEITUNG

**4 Portionen**

*4 Steaks vom*
*Schweinerücken*
*(ca. 800 g)*
*3 Rosmarinzweige*
*2 Knoblauchzehen*
*100 ml Gemüsefond*
*150 ml Weißwein*
*oder Apfelcidre*
*3 TL Kokosöl*
*1 EL Kokoszucker*
*3 Quitten*
*3 Korianderwurzeln*
*2 Schalotten*
*1 TL Currypulver*
*Salz*
*Pfeffer*

**Für die Glasur:**

*1 TL Chiliöl*
*1 EL Quittengelee*

*Als Alternative zu*
*den Quitten bieten*
*sich Äpfel, Birnen*
*oder Pflaumen an*

*Das Spitzkohl-*
*Kokos-Gemüse*
*bietet sich hier als*
*leckere Beilage an*

1.  Die Quitten mit einem Tuch vom Flaum befreien, dann abwaschen und abtrocknen. Mit der Schale in Stücke schneiden, das Kernhaus dabei entfernen. Die Schalotten schälen und würfeln.

2.  Kokoszucker in einem Kochtopf anschmelzen lassen; 1 TL Kokosöl zugeben und mit Wein oder Cidre ablöschen. Die gewaschenen Korianderwurzeln im Ganzen zufügen und 5 Minuten lang sirupartig einkochen. Die Wurzeln wieder entfernen. Nun die Quittenstücke und die Schalottenwürfel darin 20 Minuten lang abgedeckt bei mittlerer Stufe köcheln. Mit Currypulver, Salz und Pfeffer würzen.

3.  Die Steaks waschen und trocken tupfen. In einer heißen Pfanne in 1 TL Kokosöl jeweils 2 Minuten lang von beiden Seiten anbraten. Knoblauch schälen und in dünne Scheiben schneiden. Die Rosmarinnadeln von den Zweigen streifen, grob hacken und mit dem Knoblauch in die Pfanne geben. Mit dem Fond ablöschen und abgedeckt weitere 5 Minuten lang köcheln lassen. Fleisch aus der Pfanne nehmen und im Ofen warm stellen. Den Bratfond mit 1 TL Kokosöl glatt rühren und mit Salz und Pfeffer abschmecken.

4.  Das Quittengelee mit dem Chiliöl glatt rühren. Die Steaks salzen, auf Tellern anrichten und mit der Glasur bepinseln. Bratsauce darauf verteilen. Die Quitten salzen und pfeffern und zu den Steaks servieren.

# KOKOS – MOUSAKAS

**4 Portionen**

*600 g Auberginen*
*400 g Kartoffeln*
*(vorwiegend mehlig)*
*1 Zwiebel*
*2 Knoblauchzehen*
*250 g reife*
*Cocktailtomaten oder*
*1 Dose geschälte*
*Tomaten (400 g)*
*100 ml Weißwein*
*700 g Rinderhack*
*2 EL frische Kräuter,*
*gehackt (Petersilie*
*oder mediterrane*
*Kräutermischung)*
*1 EL Tomatenmark*
*1 EL Oregano,*
*getrocknet*
*1 EL Paprika, edelsüß*
*½ TL Kokoszucker*
*1 Prise Zimt*
*1 TL Kokosöl*
*Kokosöl zum Einfetten*


**Bechamelsauce:**

*400 ml Kokosmilch*
*400 ml Gemüsefond*
*4 EL Mehl*
*(evtl. Kokosmehl)*
*100 g geriebener*
*Hartkäse (Parmesan,*
*Grano Padano,*
*Kefalotiri, Gratinkäse)*
*2 Eier*
*Salz*
*Pfeffer*
*1 Prise Muskatnuss*

1. Die Zwiebel und den Knoblauch schälen und klein schneiden. In einem mittelgroßen Kochtopf 1 TL Kokosöl schmelzen, Knoblauch und Zwiebelwürfel darin anschwitzen. Tomatenmark und Kokoszucker zugeben und kurz anrösten. Hackfleisch zugeben und unter Rühren braten bis alles durch ist. Tomaten waschen, halbieren und zugeben (bzw. die abgetropften Dosentomaten unterrühren). Hackfleisch mit dem Weißwein ablöschen und 20 Minuten lang bei niedriger Hitze köcheln bis fast keine Flüssigkeit darin ist. Oregano, Paprikapulver, Zimt und gehackte Kräuter einrühren, mit Salz und Pfeffer abschmecken. Herdplatte abschalten.

2. 2 mittelgroße Kochtöpfe mit je etwa 1,5 L Wasser aufsetzen und zum Kochen bringen, dann großzügig salzen. Auberginen waschen, Blüten- und Stielansatz entfernen und in maximal ½ cm dicke Scheiben schneiden. Im kochenden Wasser 7 Minuten lang weich kochen, Wasser abgießen. Kartoffeln waschen, schälen und ebenfalls in maximal ½ cm dicke Scheiben schneiden. Wie die Auberginen etwa 10 Minuten lang kochen und dann abgießen. Auberginen und Kartoffeln beiseite stellen.

3. Für die Bechamelsauce die Kokosmilch mit dem Gemüsefond erhitzen. Mehl (oder Kokosmehl) in etwas Wasser mit einem Schneebesen anrühren und zugeben, so dass sich keine Klumpen bilden, bis die Sauce schön glatt und sämig ist. Vom Herd nehmen. Den geriebenen Käse in einer kleinen Schüssel mit 2 Eiern vermengen und unter die Kokosbechamel rühren. Mit reichlich Salz, Pfeffer und Muskatnuss würzen und beiseite stellen.

4. Eine Auflaufform mittlerer Größe mit etwas Kokosöl einfetten. Die Auberginen hineingeben, leicht glatt drücken und mit Salz und Pfeffer würzen. Die Hälfte der Hackfleischmasse darauf verteilen, dann die Kartoffeln, die wiederum gesalzen und gepfeffert werden. Einige Löffel Bechamelsauce darauf streichen, dann das restliche Hack einschichten. Darauf kommt nun der Rest der

Sauce, dann mit dem geriebenem Muskatnuss bestreuen. Im vorgeheizten Backofen bei 180 Grad Umluft, sonst 200 Gad) auf der zweituntersten Schiene 60 bis 70 Minuten goldbraun backen.

## FRITTIERTE MUSCHELN

4 Personen

*24 große
Miesmuscheln
ohne Schale
2 TL Cajungewürz
1 TL Paprikapulver
½ TL Salz
Pfeffer
50 – 60 g Kokosmehl
250 ml Frittieröl
(Disteöl,
Sonnenblumenöl oder
gehärtetes Kokosfett)
1 EL Kokosöl
1 Saft ½ Zitrone
200 g Joghurt (10 %)
8 geölte Bambus- oder
Metallspieße*

1. Die Muscheln waschen und mit Küchenkrepp trocken tupfen. Cajungewürz, Salz und Paprikapulver mischen. 1 TL davon mit dem Kokosmehl vermischen und in eine flache Schale geben.

2. Jeweils 3 Muscheln auf einen Spieß stecken und diesen im Würzmehl wenden, überschüssiges Mehl abklopfen.

3. Zitronensaft auspressen, die Kerne dabei auffangen. Mit dem Yoghurt verrühren, salzen und leicht pfeffern. Mit dem gehackten Basilikum bestreuen und beiseite stellen.

4. Das Frittieröl mit dem Kokosöl in einer großen Pfanne erhitzen auf etwa 160 Grad. Die Muscheln darin von beiden Seiten goldbraun herausbacken. Zwei Lagen Küchenkrepp übereinander auf eine Schale oder ein Schneidbrett legen. Die Muscheln herausnehmen und kurz darauf legen, bis überschüssiges Fett vom Küchenkrepp aufgesogen wurde. Auf eine Servierschale geben und mit dem restlichen Gewürz bestreuen. Mit dem Zitronen-Joghurtdip servieren.

# PIKANTE GAMBAS
## AUF VIOLETTEM GEMÜSE

2 Portionen

**Für das Gemüse:**

100 g Pastinaken
350 g violette Kartoffeln
200 g Stangensellerie
100 g Radieschen
1 EL grüne Currypaste
1 Prise Salz
2 Schalotten
1 EL Kokosöl
1 TL Sesamöl
1 EL Kokoszucker
200 ml Kokosmilch
150 ml Gemüsefond

**Für die Gambas:**

500 g Gambas (mit Schale, frisch oder gefroren und aufgetaut)
15 g Ingwer
1 Knoblauchzehe
1 TL Kokosöl
1 ½ EL Sojasauce
Zesten von ½ Limone

*Dazu schmeckt z. B. gebratener Reis oder Glasnudeln*

1. Gemüse waschen, putzen und gleichmäßig würfeln, Radieschen in Scheiben schneiden und in ein eigenes Schälchen geben. Schalotten schälen und fein würfeln.

2. Kokosöl und Sesamöl in einer Pfanne erhitzen und die Schalottenwürfel darin glasig dünsten. Mit dem Kokoszucker bestreuen, die Currypaste einrühren. Nach 2 Minuten mit der Kokosmilch und dem Gemüsefond aufgießen. 5 Minuten lang köcheln lassen. Das geschnittene Gemüse sowie die Hälfte der Radieschen einrühren und 5 - 10 Minuten lang weich dünsten.

3. Ingwer und Knoblauch schälen. Kokosöl in einer Pfanne erhitzen. Die Gambas gut abwaschen und das Wasser abschütteln. In die heiße Pfanne geben. Ingwer und Knoblauch darüber reiben, mit der Sojasauce beträufeln. Unter Rühren etwa 10 Minuten lang braten bis die Gambas Farbe angenommen haben. Die Limonenzesten darüber streuen. Mit dem Gemüse servieren.

# ST. PETERSFISCHFILET
# AUF EINEM GLASNUDELBETT

2 Portionen

für das Nudelbett:

100 g Glasnudeln
3 Stängel Basilikum
½ TL Sesamöl
2 EL Helle Sojasauce
frisch gemahlener
Pfeffer
2 EL Sojasprossen


Für den Fisch:

300 g Filet vom
St. Petersfisch
1 Stange Zitronengras
1 Schalotte
20 g Ingwer
1 EL Kokosöl
1 Chilischote
1 TL Zitronensaft
2 Limettenblätter
1 TL Kokoszucker
200 ml Kokosmilch
100 ml Wasser oder
Gemüsefond
Salz
Pfeffer

1. Den Fisch waschen, trocken tupfen und in mundgerechte Würfel schneiden. Schalotte und Ingwer schälen und klein hacken. Zitronengras mit einem Fleischhacker der Länge nach anquetschen um die ätherischen Öle frei zu setzen. Chili in feine Scheiben schneiden (vorher die Kerne entfernen, wenn es nicht sehr scharf sein soll).

2. Kokosöl in einem Topf erhitzen. Schalotten, Ingwer und Chili darin glasig dünsten. Das Zitronengras und die Limettenblätter beigeben, mit der Kokosmilch und dem Wasser oder Fond ablöschen und bei niedriger Hitze 10 Minuten lang köcheln lassen. Kokoszucker darin auflösen.

3. Durch ein Sieb gießen, den Sud dabei auffangen und erneut erhitzen, jedoch nur noch simmern lassen. Die Fischwürfel zugeben und 8 - 10 Minuten lang darin ziehen lassen (pochieren). Mit Zitronensaft, Salz und Pfeffer abschmecken.

4. In der Zwischenzeit die Glasnudeln in eine Schüssel geben. 1 L Wasser zum Kochen bringen und über die Nudeln geben. 10 Minuten lang quellen lassen, dann das Wasser abschütten. Mit Sesamöl, Sojasauce und Pfeffer abschmecken. Basilikum waschen und die Blätter abzupfen. Auf 2 Teller verteilen und mit den Basilikumblättern und den Sojasprossen garnieren. Den Fisch aus dem Sud nehmen und auf die Teller verteilen, etwas Kokossauce (eventuelle vorher etwas schaumig mixen) darüber geben und servieren.

# KABELJAU MIT WILDEM SPARGEL, PAPRIKA UND STEINPILZTAGLIATELLE

4 Portionen

*800 g Kabeljau-Loins (alternativ Seeteufelfilets)*
*1 Bund wilder Spargel*
*2 TL Kokoszucker*
*1½ TL Meersalz*
*2 rote Paprika*
*2 Schalotten*
*Kräutersalz*
*Pfeffer*
*2 TL Kokosöl*
*Alter Balsamico*
*250 g Steinpilz-tagliatelle*

1. Paprika waschen und in Stücke schneiden. Schalotten schälen und fein würfeln. In einer Pfanne 1 TL Kokosöl schmelzen lassen und die Schalotten darin glasig andünsten. Paprika zugeben und 10 Minuten lang unter Rühren braten. Mit Kräutersalz und Pfeffer würzen. Nudelwasser mit 1 TL Salz aufsetzen und zum Kochen bringen. Die Steinpilztagliatelle darin nach Anleitung al dente kochen.

2. Einen Sud aus 1 L Wasser mit dem Meersalz und dem Kokoszucker zum Kochen bringen. Den Wildspargel abwaschen und die harten unteren Stängel abschneiden, eventuell noch auf die Hälfte kürzen. Im kochenden Sud 4 Minuten lang garen. Herausnehmen und warm stellen.

3. Die Fischfilets waschen und trocken tupfen. Mit Kräutersalz einreiben. In 1 TL Kokosfett in einer beschichteten Pfanne von beiden Seiten je 3 – 4 Minuten lang braten, dann pfeffern.

4. Auf Tellern jeweils ¼ von allem sowie den aufgeschnittenen Fisch anrichten. Mit dem Balsamico beträufeln (etwa 1 TL pro Teller) und servieren.

# FENCHEL – NUDELPFANNE MIT JAKOBSMUSCHELN

**4 Portionen**

*400 g Jakobsmuscheln
(frisch oder getaut)
2 Fenchelknollen,
mittelgroß
200 g Tagliatelle
1 EL Kokosöl
200 ml Kokosmilch
100 ml Noilly Prat
(französischer Wermut)
10 Cocktailtomaten
Mark ¼ Vanilleschote
(oder 1 Prise
gemahlene Vanille)
Salz
Pfeffer*

1. Die Fenchelknollen waschen, schadhafte Stellen und Strunk entfernen. In dünne Scheiben schneiden und in kochendem Salzwasser etwa 5 Minuten lang noch leicht bissfest kochen. Den Fenchel mit einem Schöpflöffel herausnehmen und die Nudeln im Kochwasser al dente garen und absieben.

2. In der Zwischenzeit die Jakobsmuscheln waschen und mit Küchenkrepp trocken tupfen. Salzen, pfeffern und in einer Pfanne in heißem Kokosöl von beiden Seiten 3 Minuten lang braten (wer sie gerne glasig mag nur 2 Minuten lang).

3. Backofen auf 60 Grad vorheizen. Teller hineinstellen zum anwärmen. Die gewaschenen Tomaten vierteln. Muscheln herausnehmen und auf die vorgewärmten Teller verteilen, wieder in den Ofen stellen und ausschalten. Nudeln, Fenchelscheiben und Tomaten zum Muschelfond in die Pfanne geben. Tomatenstücke und Vanillemark einrühren und mit der Kokosmilch und dem Noilly Prat ablöschen. 3 Minuten lang kochen lassen. Mit Salz und Pfeffer abschmecken. Die Teller mit den Muscheln aus dem Ofen holen und die Pasta mit Sauce darauf verteilen.

# KREOLISCHE MEERESFRÜCHTE

4 Portionen

300 g Garnelen,
geschält
300 g Tintenfisch,
gewürfelt
150 g Krebsfleisch
(abgetropft, aus der
Dose) oder
Flusskrebsschwänze
3 Frühlingszwiebeln
1 große Tomate
1 rote Paprika
2 Stangen Sellerie
1 TL Kokosöl
3 EL Kokosmus
1 TL Kokoszucker
1 TL Paprika
2 Knoblauchzehen
200 ml Orangensaft,
frisch
evtl. zum Abbinden 1 -
2 TL Kokosmehl
2 TL Cajun- oder
kreolisches Gewürz
1 Prise Schwarzer
Pfeffer

*Dazu werden zum
Beispiel Süß-
kartoffeln serviert
und Maisbrot*

1. Die Frühlingszwiebeln waschen, Wurzelansatz abschneiden und die Stangen in ½ cm breite Streifen schneiden. Tomate und Paprika waschen, putzen und in kleine Würfel schneiden. Stangensellerie waschen, eventuelle Fäden abschneiden, in 1 cm breite Stücke schneiden. Knoblauch schälen und fein hacken.

2. Das Kokosöl in einer Pfanne erhitzen. Sellerie-, Frühlingszwiebel- und Paprikastücke sowie den Knoblauch darin 2 Minuten lang anbraten. Die Tomaten zugeben. Mit dem Cajungewürz und dem Kokoszucker bestreuen und 2 Minuten lang weiterbraten. Mit dem Orangensaft ablöschen und unter Rühren ein paar Minuten lang weich kochen.

3. Krebsfleisch in ein Sieb geben und kurz unter fließendem Wasser abspülen, abtropfen lassen, eventuelle Schalenreste entfernen. Garnelen, Tintenfisch und Krebsfleisch dem Gemüse zugeben. Nach 3 Minuten Paprika einrühren sowie das Kokosmus. Wenn gewünscht noch mit Kokosmehl abbinden. Mit Salz und Pfeffer abschmecken und servieren.

# DUO VON SCAMPI UND SEETEUFEL
# MIT SPINATLINGUINI AN STERNANISJUS

*Abbildung Seite 51 unten*

**4 Personen**

*600 g
Seeteufelbäckchen
12 Gambas
(ungeschält)
400 ml Kokosmilch
2 TL Paprika
4 EL Sojasauce
1 TL Zitronenzucker
2 TL Kokosöl
1 Chili
2 Sternanis, ganz
¼ TL Zimt
500 g frische
Spinatlinuini*

*Als Beilage
schmeckt ein
erfrischender Salat
aus Tomaten oder
Rucola*

*Seeteufelbäckchen
haben eine noch
festere Konsistenz
als das Filet und
sind besonders fein!*

1. Seeteufelbäckchen und Scampi waschen und abtropfen lassen

2. In einer Pfanne 1 TL Kokosöl erhitzen. Sternanis und Zimt darin kurz anrösten, mit Kokosmilch ablöschen. Paprika und Zitronenzucker einrühren und mit 3 EL Sojasauce würzen. Chilischote klein schneiden und darin köcheln lassen. Nach 5 Minuten die Seeteufelbäckchen zugeben. Abgedeckt bei niedriger Hitze etwa 8 – 10 Minuten garen, dann abschmecken.

3. In der Zwischenzeit in einer weiteren Pfanne den zweiten TL Kokosöl erhitzen und die Scampi darin unter Rühren abrösten. Mit 1 EL Sojasauce beträufeln.

4. Die Linguini nach Packungsanleitung erhitzen. Auf vorgewärmten Tellern jeweils 3 Gambas und etwa 3 Seeteufelstücke anrichten, die Linguini zugeben und mit etwas Jus beträufeln.

# KABELJAUFILET MIT BROKKOLI

**4 Personen**

*800 g Kabeljaufilet,
frisch
1 Brokkoli
4 Frühlingszwiebeln
1 Peperoni
2 Knoblauchzehen
1 rote Zwiebel
100 g Shiitake
250 ml Gemüsefond
1 TL Kokosöl
2 EL Kokosmus
1 EL Kokoszucker
1 Bio-Zitrone
4 Blätter Kaffirlimette
2 Stängel Koriander
mit Wurzel
Salz
1 EL Sojasauce*

*Beilage zum
Beispiel
Reisbandnudeln*

1. Das gewaschene Kabeljaufilet trocken tupfen und in 8 gleichgroße Stücke schneiden. Brokkoli waschen und die Röschen abschneiden. Frühlingszwiebeln waschen, putzen und in 2 - 3 cm lange Stücke schneiden. Shiitake kurz mit kaltem Wasser abbrausen und vierteln. Die Zwiebel putzen und fein würfeln. Knoblauch und Peperoni fein hacken. Die Schale der Zitrone mit einer Reibe ohne die weiße Unterhaut abraffeln, den Saft auspressen. Den Koriander waschen, trocken schütteln. Die Blätter abzupfen und grob zerpflücken, Wurzel und Stängel beiseite stellen.

2. Einen Topf mit Wasser zum Kochen bringen. Salzen, dann die Brokkoliröschen etwa 5 Minuten lang noch leicht bissfest garen. Wasser wegschütten.

3. Einen Wok mit dem Kokosöl erhitzen. Darin Zitronensaft und -schale, Kaffirblätter, Zwiebelwürfel, Knoblauch, Peperoni und Korianderwurzeln anrösten. Kokoszucker einrühren, anschmelzen lassen und mit dem Gemüsefond ablöschen. Shiitake und die Fischfiletstücke zugeben und 4 Minuten lang darin garen. Korianderwurzeln und Kaffirblätter entfernen, Brokkoli und die Frühlingszwiebeln zugeben. Nach etwa 3 Minuten, wenn der Fisch gar ist, das Kokosmus einrühren und mit Salz und Sojasauce abschmecken.

# SÜSSKARTOFFELGRATIN

*2 Personen
oder süße Beilage
für 4*

*400 g Süßkartoffeln
40 g Kokosöl
1 Limette
1 kleine Zimtstange
50 g Kokoszucker
100 ml Orangensaft
Pfeffer*

1. Die Süßkartoffeln schälen und in dicke Scheiben schneiden. In eine gefettete Auflaufform schichten. Kokosöl schmelzen lassen und über die Kartoffeln geben. Leicht pfeffern.

2. Schale der Limette mit einer Reibe abreiben und beiseite stellen. Saft auspressen. Orangensaft, Zitronensaft, Zucker und Zimtstange in einen kleinen Kochtopf geben. Zum Kochen bringen und 5 Minuten lang zu einem Sirup köcheln. Zimtstange herausheben.

3. Die Auflaufform mit einem Deckel oder Alufolie verschließen und 30 Minuten lang im Ofen backen. Deckel abnehmen, umrühren und die Zitronenschale darin verteilen. 25 Minuten lang weiter backen bis die Süßkartoffelscheiben leicht knusprig werden.

# EXOTISCHES GEMÜSE

**4 Portionen**

*600 g Aubergine*
*500 g Zucchini*
*24 Schalotten*
*3 Knoblauchzehen*
*2 kleine Süßkartoffeln*
*600 g pürierte*
*Tomaten aus der Dose*
*10 cm Ingwer*
*1 Sternanis*
*1 Prise Kreuzkümmel*
*1 Prise Zimt*
*1 ½ TL Kokosöl*
*2 Zweige Basilikum*
*oder 1 Zweig Minze*
*5 EL Sojasauce*
*1 Chili*
*½ TL Salz*

*Passt auch gut als*
*Beilage zu*
*kurzgebratenem*
*Fleisch oder Fisch*
*oder püriert als*
*Gemüsecremesuppe*

1. Auberginen und Zucchini waschen, trocknen und in Würfel schneiden. Schalotten, Knoblauch und Ingwer schälen und fein hacken. Süßkartoffeln schälen und grob würfeln. Basilikum (oder Minze) waschen, trocken schütteln und hacken. Chilischote aufschneiden, die Kerne herauskratzen und in feine Scheiben schneiden.

2. Kokosöl in einer beschichteten Pfanne oder im Wok schmelzen. Sternanis, Kreuzkümmel und Zimt darin ganz kurz anrösten. Schalotten, Ingwer und Knoblauch sowie Chili zugeben, 1 Minute anbraten. Auberginen, Zucchini und Süßkartoffeln nun zugeben, ein paar Mal umrühren, dann die Sojasauce darüber träufeln. Tomaten einrühren und das Ganze bei mittlerer Hitze abgedeckt etwa 10 - 15 Minuten lang weich kochen.

3. Mit Kokoszucker und evtl. Salz würzen. Frische Kräuter darüber streuen und sofort servieren.

# SÜSSKARTOFFELSTAMPF

2 Portionen
(bzw. 4 als Beilage)

*2 größere
Süßkartoffeln
200 ml Kokosmilch
1 TL Kokosöl
10 g Ingwer
½ TL Paprika
2 EL Sojasauce, hell
1 Msp. Kardamom
¼ TL Muskatnuss
¼ TL Kurkuma
Frisch geriebener
Pfeffer
Salz
1 EL frische Kräuter
zum Bestreuen (wie
Schnittlauch,
Basilikum, Koriander,
Petersilie)*

1. Die Süßkartoffeln schälen, in Stücke schneiden und in kochendem Salzwasser etwa 20 Minuten lang weich garen. Kochwasser abgießen.

2. Ingwer schälen und fein reiben. Kokosmilch mit dem Kokosöl und dem Ingwer sowie den Gewürzen 2 Minuten lang aufkochen. Die Süßkartoffeln mit einem Kartoffelstampfer zerquetschen. Die heiße Kokosmilch zugeben und untermischen. Nach Belieben mit einem Mixer nochmals feiner pürieren. Mit Salz abschmecken. Den Stampf mit den gehackten Kräutern bestreut servieren.

# EBLY – GEMÜSETOPF

*3 Portionen*

*100 g Ebly*
*5 kleine Karotten*
*2 Stängel*
*Stangensellerie*
*1 Zwiebel*
*1 große*
*Knoblauchzehe*
*1 Petersilienwurzel*
*1 EL Kokosöl*
*½ EL Kokoszucker*
*1 EL Kokosessig (oder*
*Reisessig)*
*100 ml Gemüsebrühe*
*1 Zweig Thymian*
*1 Zweig Rosmarin*
*Salz*
*Pfeffer*

1. Das Gemüse waschen und abtropfen lassen. Karotten, Petersilienwurzel und Zwiebel schälen und klein schneiden. Vom Sellerie Anschnitte abschneiden und Fäden abziehen, dann in mundgerechte Stücke schneiden.

2. Kokosöl in einen Kochtopf geben und das Gemüse darin kurz anrösten. Thymian und Rosmarin zugeben, das Eblykorn einrühren. Mit dem Gemüsefond ablöschen und 10 - 14 Minuten lang bei mittlerer Hitze weich kochen (öfters umrühren).

3. Kokoszucker und Kokosessig dazu gießen, Thymian und Rosmarinzweig entnehmen. Mit Salz und Pfeffer abschmecken und servieren.

# KOKOSSTAMPF MIT RÖSTZWIEBELN

*200 g Petersilien-*
*wurzel*
*2 mittelgroße Kartoffeln*
*2 mittelgroße Kohlrabi*
*2 Schalotten*
*100 ml Kokosmilch*
*200 ml Fond*
*2 EL Kokosöl*
*1 EL Zitronensaft*
*2 EL gehackte frische*
*Kräuter (Schnittlauch,*
*Petersilie oder Kresse)*
*Salz*
*Pfeffer*
*Muskatnuss*

1. Petersilienwurzeln, Kartoffeln und Kohlrabi abwaschen und schälen. In grobe Stücke schneiden. 1 EL Kokosöl in einem Kochtopf schmelzen lassen und die Gemüsewürfel darin kurz unter Rühren Farbe annehmen lassen. Mit der Brühe aufgießen und abgedeckt 10 Minuten lang kochen. Vom Herd nehmen und weitere 10 Minuten lang abgedeckt ruhen lassen. Das Gemüse sollte nun schön weich sein und sich gut zerstampfen lassen.

2. Die Schalotten abziehen und in Ringe schneiden. Im Kokosöl in einer Pfanne knusprig braun braten, dann salzen und pfeffern, beiseite stellen.

3. Die Kokosmilch mit Salz, Pfeffer, Zitronensaft und Muskatnuss würzen. Die gerösteten Zwiebeln darüber geben und mit den Kräutern bestreut servieren.

# 3 K GEMÜSE

2 Personen oder
Beilage für 4

*1 Muskatkürbis oder*
*Sweet Dumpling,*
*mittelgroß*
*350 g Karotten*
*1 EL Kokosöl*
*1 EL Kokoszucker*
*10 g Ingwer*
*1 EL Koriandergrün*
*oder Basilikum,*
*gehackt*
*300 ml Gemüsefond*
*2 Frühlingszwiebeln*
*½ Vanillestange*
*1 Prise Muskatnuss*
*Salz*
*Pfeffer*

1. Die Karotten waschen, putzen und schälen, dann in mittelgroße Würfel schneiden. Kürbis schälen, halbieren und die Kerne herauskratzen. Dann ebenfalls würfeln. Die Vanillestange der Länge nach aufschlitzen und das Mark heraus schaben, beiseite stellen. Den Ingwer schälen. Frühlingszwiebeln waschen, putzen und in dünne Ringe schneiden.

2. Den Kokoszucker in einem Kochtopf schmelzen lassen, das Kokosöl einrühren und mit dem Fond ablöschen. Gut verrühren, bis alles etwas eindickt. Nun das Vanillemark, die Schote und die Karottenwürfel zugeben. Durchrühren und abgedeckt bei mittlerer Hitze 5 Minuten lang kochen. Jetzt erst die Kürbisstücke zufügen, sie sind schneller gar. Den Ingwer hineinreiben. Nach 5 Minuten die Frühlingszwiebelringe mitkochen lassen, noch etwa 3 - 5 Minuten alles miteinander garen, bis es weich aber nicht zerkocht ist.

3. Die Vanillestange entfernen und das Gemüse mit Salz, Pfeffer und Muskatnuss abschmecken. Mit den gehackten Kräutern bestreut servieren.

# CHAMPIGNONPFÄNNCHEN
## MIT RÄUCHERTOFU

4 Portionen

2 Räuchertofu
500 g braune
Champignons
2 rote Zwiebeln
2 Knoblauchzehen
1 Zweig Rosmarin
1 EL Kokosöl
2 EL Kokosmus
50 ml Gemüsefond
Salz
Pfeffer

*Servieren Sie dazu
in Knoblauch-
Kokosöl geröstete
Ciabattascheiben
oder Petersilien-
kartoffeln*

1. Zwiebeln und Knoblauch schälen und klein würfeln. Rosmarinnadeln vom Zweig zupfen und fein hacken. Räuchertofu abwaschen und in etwa 1 x 1 cm große Würfel aufschneiden. Champignons kurz mit kaltem Wasser abbrausen. Stielansatz abschneiden und die Hüte entweder vierteln oder in Streifen schneiden.

2. Kokosöl in einer Pfanne erhitzen. Rosmarinnadeln zugeben sowie die Zwiebel- und die Knoblauchwürfel. Kurz glasig anbraten. Die Champignonstücke nun darin weich braten (etwa 10 Minuten) bei starker Hitze. Mit Fond ablöschen. Kokosmus einrühren und darin schmelzen lassen. Räuchertofu darin kurz erwärmen. Mit Salz und Pfeffer abschmecken und servieren.

# GRÜNES KOKOS – GEMÜSE

**4 Portionen**

*100 g Thai-Spargel*
*2 Selleriestangen*
*4 Frühlingszwiebeln*
*500 g Brokkoli*
*2 Pak Choy (ca. 600 g)*
*oder Chinakohl*
*250 ml Kokosmilch*
*2 Kaffirlimettenblätter*
*1 – 2 TL rote*
*Currypaste*
*1 TL Kokosöl*
*1 TL Kokoszucker*
*Salz*
*4 Stängel*
*Koriandergrün*
*250 g Reistagliatelle*

1. Das Gemüse mit kaltem Wasser gut abspülen und abtropfen lassen. Ansätze und schlechte Stellen ausschneiden, dann alles in mundgerechte Stücke schneiden (der Thai-Spargel muss nicht geschält werden). Vom Brokkoli nur die Röschen verwenden, den Strunk ganz herausschneiden.

2. Eine Pfanne oder einen Wok erhitzen. Kokosöl darin schmelzen. Currypaste kurz anrösten, dann die Kokosmilch dazu geben. Leicht salzen und mit dem Kokoszucker süßen. Kaffirlimettenblätter hinein legen und den Sud nun 5 Minuten lang köcheln lassen. Dann die Gemüsestücke zugeben (den Pak Choy und die Frühlingszwiebeln erst 3 Minuten vor dem Ende der Kochzeit), solange kochen, bis es noch leicht bissfest ist.

3. In der Zwischenzeit die Reisnudeln nach Packungsanleitung weich kochen.

4. Das Gemüse zusammen mit den Nudeln und der Sauce in 4 Tellern verteilen. Die Blättchen vom Koriander abzupfen und darüber geben, sofort servieren.

# FRUCHTIGER
## COUSCOUS – KAROTTENTOPF

2 Portionen bzw.
4 Portionen als
Beilage

*250 g Couscous*
*300 g Karotten*
*100 ml Orangensaft*
*etwas*
*Zitronenschalenabrieb*
*1 Stängel Zitronengras*
*1 EL Kokosöl*
*1 TL Kokoszucker*
*250 ml Gemüsebrühe*
*1 TL gehackter Ingwer*
*1 – 2 Schalotten*
*4 Stängel*
*Koriandergrün*
*Salz*
*Pfeffer*

1. Die Schalotte schälen und fein würfeln. Karotten waschen, putzen, in kleine Würfel schneiden. Zitronengras mit dem Fleischhacker der Länge nach zerklopfen, so dass die ätherischen Öle austreten.

2. Das Kokosöl in einem Kochtopf schmelzen, die Karottenwürfel darin kurz unter Rühren anrösten bis sie Farbe annehmen. Den Ingwer zugeben und mit der Gemüsebrühe ablöschen. 5 Minuten lang bei mittlerer Hitze köcheln, bis die Karotten noch leicht Biss haben.

3. Orangensaft zugeben und das Zitronengras. Den Couscous einrieseln lassen und glatt rühren. Etwa 4 - 5 Minuten lang bei wenig Hitze weich köcheln lassen, öfters umrühren.

4. Mit dem Zitronenschalenabrieb und Salz und Pfeffer abschmecken. Das Zitronengras heraus nehmen. Mit Koriandergrün bestreut in Suppentellern servieren.

# ZUCCHINIGRATIN MIT CROUTONS

4 Portionen

*500 g kleine Zucchini*
*1 Paprika*
*(rot oder gelb)*
*8 Cocktailtomaten*
*3 Frühlingszwiebeln*
*150 g geriebener*
*Gratinkäse*
*200 ml Kokosmilch*
*100 ml Gemüsefond*
*Kräutersalz*
*Muskatnuss*
*½ TL Paprika*
*1 kleiner Zweig*
*Rosmarin*
*1 EL Kokosöl*
*1 altbackenes*
*Weißbrötchen*
*1 Knoblauchzehe*
*Etwas Pfeffer*

1. Zucchini waschen, Blüten- und Stielansatz abschneiden, halbieren und in etwa ½ cm dicke Scheiben schneiden. Paprika waschen, putzen und klein würfeln. Knoblauch schälen und fein hacken. Cocktailtomaten waschen und vierteln. Die Frühlingszwiebeln waschen, putzen und den weißen und hellen Teil in ½ cm lange Stücke schneiden. Die grünen Stängel ganz dünn in Ringe schneiden und beiseite stellen für später. Backofen auf 190 Grad vorheizen (Umluft 170 Grad).

2. Gemüse und Knoblauch (außer die grünen Zwiebelringe) in eine gefettete Gratinform schichten. Mit Kräutersalz, Paprikapulver, Muskatnuss und Pfeffer würzen. Kokosmilch und Fond darüber gießen und 50 Minuten lang im Ofen backen (2. Schiene von unten).

3. Rosmarinnadeln abzupfen und klein hacken. Das Brötchen in 1 x 1 cm große Würfel schneiden. Kokosöl in einer Pfanne schmelzen lassen, Rosmarin zugeben. Die Brot würfel mit etwas Kräutersalz bestreut darin einige Minuten unter Rühren goldbraun rösten.

4. Den Auflauf aus dem Ofen nehmen, die Croutons darauf verteilen. Mit dem geriebenen Käse gleichmäßig bedecken, etwas Muskatnuss darauf reiben und Pfeffer darüber mahlen. Nochmals in den Ofen geben und weitere 10 – 15 Minuten lang bei 150 Grad überbacken. Mit den grünen Zwiebelringen bestreut servieren.

# KOKOSSPINAT

**2 Portionen**

250 g Babyspinat,
frisch
1 Schalotte
200 ml Kokosmilch
1 TL Kokosöl
120 g Mi-Nudeln
Muskatnuss
Salz
Pfeffer

1. Schalotte schälen und klein schneiden. Kokosöl in einem großen Kochtopf schmelzen und die Schalottenwürfel darin glasig dünsten lassen. Den Babyspinat mehrmals gut mit kaltem Wasser waschen und auslesen. Abtropfen lassen und zu den Schalotten geben. Die Blätter unter Rühren zusammenfallen lassen. Kokosmilch zugeben.

2. Mi-Nudeln nach Packungsanleitung kochen. Den Spinat mit Salz und Pfeffer sowie geriebenem Muskat würzen. Spinat mit den Nudeln auf Tellern anrichten. Eventuell die Eier dazu servieren.

*Eine beliebte Beilage sind gebratene Spiegel- oder Rühreier*

# PIKANTES FENCHELGEMÜSE

**4 Portionen**

4 Fenchelknollen
2 Sharonfrüchte, fest
1 EL Kokosöl
1 EL Kokoszucker
1 TL Chiliöl
1 EL Kokosflocken
1 Zitrone
50 ml Gemüsefond
Salz
Frischer Pfeffer

1. Fenchel waschen, putzen und würfeln. Sharon schälen, Stielansatz entfernen und in kleine Stücke schneiden. Zitrone auspressen.

2. Kokosöl und -flocken zusammen in einen kleineren Kochtopf geben und unter Rühren erhitzen. Fenchelwürfel zugeben und 3 Minuten lang scharf anbraten. Mit Gemüsefond und Zitronensaft ablöschen. Kokoszucker und Chiliöl einrühren und abgedeckt bei niedriger Hitze weich garen (etwa 5-8 Minuten).

3. Sharon hinein geben und für 2 weitere Minuten mit dünsten. Mit Salz und Pfeffer abschmecken und servieren.

*Passt auch als Beilage zu Hähnchen, Schwein oder Meeresfrüchten*

## KÄSEKUCHEN

*150 g Butterkekse*
*1 TL Zimt*
*750 g Quark, 20 %*
*7 Eier, Gr. M*
*30 g Stärke*
*(Mondamin)*
*20 g Kokosmehl*
*4 EL Kokosöl*
*½ TL Zitronenschalen-*
*abrieb*
*3 EL Rumrosinen*
*(am Vortag einlegen)*
*1 Prise Salz*
*200 g Puderzucker*
*50 g Kokoszucker*
*1 Msp. gemahlene*
*Vanille*

1. Eier trennen, Eiweiß mit 1 Prise Salz zu Schnee schlagen. 100 g Puderzucker einrühren. Schale der Zitrone mit dem Kokoszucker vermischen.

2. Eigelb mit Vanille und dem restlichen Puderzucker mit dem Schneebesen oder einem Handmixer cremig rühren. 2 EL Kokosöl schmelzen lassen, mit dem Zitronenzucker vermischen und einrühren. Den Quark öffnen, darin angesammelte Molke wegschütten und den Quark dann in die Eigelbmasse rühren. Kokosmehl und Stärke einrühren, dann die Rumrosinen untermischen. Den Backofen vorheizen auf 220 Grad (Umluft 200 Grad).

3. Die Butterkekse in eine Gefriertüte geben und mit dem Nudelholz oder der Breitseite vom Fleischhacker fein zerkrümeln. Das restliche Kokosöl in einer Pfanne schmelzen lassen, Kekskrümel und Zimt zugeben und alles gut miteinander vermischen. In der gefetteten Springform gleichmäßig verteilen und fest an den Boden und an den unteren Rand drücken. 10 Minuten im Backofen (untere Schiene) blind backen.

4. Eischnee vorsichtig unter die Eigelb-Quarkmasse heben. Springform aus dem Ofen nehmen und damit füllen. Auf der untersten Schiene bei 190 Grad (Umluft 170 Grad) etwa 60 Minuten lang backen. Falls die Kuchendecke zu stark bräunt, mit Alufolie abdecken. Abschalten und weitere 10 Minuten lang im geschlossenen Ofen lassen.

5. Nach der Backzeit aus dem Ofen nehmen und in der Form auskühlen lassen. Mit einem Messer erst den Kuchenrand aus der Form schneiden, dann den Springformring entfernen. Mit Puderzucker bestreut servieren.

# APRIKOSEN – NUSSKUCHEN

*1 Dose*
*Aprikosenhälften*
*(oder 500 g frische*
*Aprikosen, geschält,*
*entsteint, halbiert und*
*100 ml Orangensaft)*
*100 g Walnüsse*
*1 EL Kokoszucker*
*150 g Rohrzucker*
*320 g Mehl*
*80 g Kokosmehl*
*1 Päckchen*
*Backpulver*
*150 g Kokosraspeln*
*1 TL Zimt*

1. Obst durch ein Sieb geben, dabei 100 ml Saft auffangen. Diesen mit dem Kokoszucker und den Zimt in einem kleinen Kochtopf 5 Minuten lang zu einem Sirup kochen.

2. Die Walnüsse nicht allzu fein hacken. Den Backofen vorheizen auf 220 Grad (Umluft 200 Grad).

3. Kokosöl, Zucker, Mehl, Kokosmehl, Backpulver und Kokosraspeln in einer Schüssel miteinander vermischen. Die Walnüsse zugeben und alles zu einem bröseligen Teig verarbeiten.

4. Eine Springform (26 cm) oder eckige Backform (20 x 30 cm) mit etwas Kokosöl einfetten. 2/3 vom Teig darauf fest andrücken und 10 Minuten im Ofen blind backen.

5. Den Ofen auf 160 Grad (Umluft 140 Grad) zurückstellen, den Kuchen herausnehmen. Die Aprikosen darauf verteilen, alles mit dem Sirup tränken. Die restlichen Brösel darauf locker verteilen und nochmals 20 bis 25 Minuten lang backen, bis der Kuchen eine goldgelbe Farbe angenommen hat. Ausgekühlt mit etwas Zimtzucker bestreut servieren.

# APFELSTRUDEL MIT KOKOS

2 Filo-Strudelteigblätter
40 x 60 cm
(oder 6 kleine)
2 kg säuerliche Äpfel
4 EL Kokoszucker
2 EL Orangenschalen-
zucker
2 TL Zimt
4 EL Rumrosinen
Saft ½ Zitrone
1 EL Kokosmehl
500 g Crème fraîche
200 g Schmand
2 EL Kokosöl
2 EL Rum
etwas Kokosöl zum
Einpinseln
Puderzucker zum
Bestreuen

1. Die Äpfel waschen, schälen, Kernhaus entfernen und am besten mit der Küchenmaschine in feine Scheibenhobeln. Mit Zimt, Kokoszucker, Rumrosinen und Zitronensaft in eine Schüssel geben und gut vermischt kurz durchziehen lassen.

2. Orangenschalenzucker mit Rum, Kokosmehl, Crème fraîche und Schmand verrühren. Zu den Apfelscheiben geben und alles gut vermengen. Backofen vorheizen auf 200 Grad (Umluft 180 Grad). Eine große Auflaufform für beide Strudel einfetten mit etwas Kokosöl.

3. Kokosöl schmelzen lassen. Auf einem sauberen und trockenen Küchentuch 1 Lage vom Strudelteig auslegen bzw. aus 3 kleineren Teigblättern, die sich überlappen um jeweils 3 cm eine Lage bauen. Mit dem geschmolzenen Kokosöl bepinseln. Die Hälfte der Apfelfüllung nun mittig darauf häufen wie eine längliche Rolle. Den Teig an den beiden Kopfenden einschlagen. Ebenfalls an einer Längsseite den Teig auf die Äpfel klappen. Das Küchentuch nun längsseitig anheben, so dass der Strudel sich auf die Seite rollt und schließt. Am besten direkt in die Auflaufform rollen lassen. Auf die Seite schieben, so dass der zweite Strudel auch noch Platz findet.

4. Nun das Ganze mit der restlichen Apfelfüllung und den anderen Strudelteigblättern wiederholen. Zum anderen Strudel in die Auflaufform geben. Beide Studel nun mit Kokosöl einpinseln.

5. In den Ofen auf das zweitunterste Blech stellen und etwa 60 Minuten lang goldbraun backen. Noch lauwarm mit Vanillesauce oder abgekühlt mit Puderzucker bestreut servieren.

# TRAUBENKUCHEN

*200 g kernlose rosa*
*Weintrauben*
*100 g Butterkekse*
*1 TL Zimt*
*3 Eier, Größe L*
*3 EL Kokoszucker*
*1 ½ EL Kokosöl*
*100 ml Kokosmilch*
*2 EL Kokosflocken*
*1 TL Zitronenschalen-*
*abrieb*

1. Die Butterkekse in eine Gefriertüte geben und mit dem Nudelholz oder der Breitseite vom Fleischhacker fein zerkrümeln. Das Kokosöl in einer Pfanne schmelzen lassen, Kekskrümel und Zimt zugeben und gut vermischen. In einer gefetteten Springform gleichmäßig verteilen und fest an den Boden und an den unteren Rand drücken. Trauben gut waschen und abtropfen lassen. Größere Trauben halbieren, kleinere kann man auch ganz lassen. Auf den Kuchenboden geben und 15 Minuten im Backofen (untere Schiene) bei 170 Grad (Umluft 150 Grad) backen.

2. Hitze reduzieren auf 140 Grad (Umluft 120 Grad), Kuchenform aus dem Ofen nehmen.

3. Eier mit der Kokosmilch, den Kokosflocken, dem Kokoszucker und dem Zitronenschalenabrieb glatt rühren. Über den Traubenkuchen geben und weitere 20 Minuten lang backen, bis der Kuchen leicht Farbe annimmt. Backofen ausschalten, Ofentür öffnen und Kuchen auskühlen lassen.

# KOKOS – GRIESKUCHEN

3 Eier, Größe L
60 g Zucker
50 g Kokoszucker
120 g Hartweizengrieß
30 g Kokosflocken
100 ml Kokosmilch
350 ml Orangen- oder
Maracujasaft
1 TL Kokosfett
1 Prise gemahlene
Vanille
1 Bio- Zitrone
1 Prise Salz

*Dazu schmeckt die
Himbeersauce
besonders lecker...*

1. Die Eier mit dem Zucker, dem Kokoszucker und der Prise Salz in der Küchenmaschine zu einem dicken Schaum schlagen.

2. Backofen vorheizen auf 150 Grad (Umluft 130 Grad).

3. Die Zitrone heiß abwaschen und trocknen. Die Schale ohne die weiße Unterhaut mit einer Reibe abnehmen. Den Saft der halben Zitrone auspressen. Vanille und Zitronensaft unter den Eischaum rühren. Gries, Kokosflocken und Zitronenschalenabrieb vermischen und löffelweise in den Eischaum rühren.

4. Eine feuerfeste Form mit dem Kokosöl gründlich einfetten. Die Griesmasse einfüllen und 30 Minuten auf der mittleren Schiene backen.

5. Kokosmilch und Orangensaft (oder Maracujasaft) zusammen in einem Kochtopf erhitzen, einmal aufkochen lassen. Den Grieskuchen aus dem Ofen nehmen und die Kokosmilch darüber schütten. Weitere 30 Minuten im Ofen goldbraun backen. Noch warm oder auch ausgekühlt bestreut mit Puderzucker servieren.

# KOKOSSTOLLEN

600 g Mehl
150 g Kokosmehl
150 g Zucker
80 g Kokoszucker
2 Päckchen
Backpulver
200 g Mandeln,
gemahlen
250 g Rosinen
500 g Quark (40 %)
100 g weiche Butter
50 g Kokosöl
1 TL Vanillezucker
50 ml Rum
2 TL Zitronenzucker
1 TL Zimt
4 Eier
250 g Zitronat
4 Eier, Gr. L
1 Prise Salz

Zum Bestreuen:

1 EL Butter
1 EL Kokosöl
3 EL Puderzucker

*Auch wenn es schwer fällt: der Stollen benötigt mindestens 4 Wochen Ruhezeit bevor man ihn essen sollte...*

1. Bereits am Vortag die Rosinen heiß waschen, abtropfen lassen und in Rum einlegen.

2. Am anderen Tag werden alle Zutaten zusammen in einer großen Schüssel zu einem geschmeidigen Teig verknetet.

3. Backofen vorheizen auf 200 Grad Umluft 180 Grad).

4. Den Stollen formen: Zu einem Brotlaib formen, mit dem Nudelholz leicht andrücken, so dass die Oberfläche glatt und gerade wird und der Teig etwa 8 cm dick ist. Nun 1/3 davon über das andere Drittel einschlagen. Auf ein mit Backpapier ausgelegtes Backblech legen und etwa 55 - 60 Minuten lang backen, bis der Stollen beginnt, Farbe anzunehmen. Dann aus dem Ofen nehmen und großzügig mit der Butter-Kokosölmischung einpinseln. Ausgekühlt mit Puderzucker bestreuen. In Alufolie gut einwickeln und kühl ruhen lassen. In Scheiben geschnitten servieren.

# FRUCHTIGE KOKOSMAKRONEN

*30 g getrocknete
Cranberries
30 g kandierter Ingwer
30 g Dinkelmehl
20 g Kokosmehl
200 g Kokosflocken
1 TL flüssiger Honig
½ TL Backpulver
3 Eiweiß Göße M
1 Prise Salz
250 g Puderzucker
1 Limette, unbehandelt
1 EL Kokoszucker
2 EL Kokosrum*

1. Cranberries und Ingwer klein hacken. Schale der gewaschenen Limette mit einer Reibe abnehmen und mit dem Kokoszucker vermischen.

2. Eiweiß und Salz mit dem Mixer in einer fettfreien Schüssel zu einem festen Eischnee verrühren. Puderzucker nach und nach einrieseln lassen, bis der Eischnee weiße Spitzen bildet. Kokosmehl, Dinkelmehl und Backpulver miteinander vermengen und gut durchmischen. Auf den Eischnee sieben und vorsichtig unterheben. Die Fruchtwürfel zugeben sowie den Limettenzucker, Kokosrum und die Kokosflocken. Honig einrühren. Backofen vorheizen auf 170 Grad (Umluft 150 Grad).

3. Ein Backblech mit Backpapier belegen. Mit einem Teelöffel kleine Häufchen vom Teig abstechen und auf das Blech setzen.

4. Backblech in den Ofen auf die unterste Schiene geben und solange backen (eher trocknen) bis die Makronen eine ganz leichte Goldbräunung annehmen. Dann herausnehmen und auf dem Blech auskühlen lassen bevor sie in einer Blech- oder Kunststoffdose verpackt werden. Sie halten sich mehrere Wochen lang.

# ZITRONENMUFFINS

Für **12 Muffins**

200 g Mehl
50 g Kokosmehl
2 TL Backpulver
½ Natron
1 Bio-Zitrone
50 g Zitronat
50 g Kokoszucker
75 g Kokosflocken
1 Ei
100 g Rohrzucker
80 g Kokosöl
300 ml Kokosmilch
1 Prise Salz


Glasur


Saft 1 Zitrone
1 TL Rum
100 g Puderzucker


*Alternativ zum Zitronat schmeckt auch kandierter Ingwer sehr lecker in diesen Muffins*

1. Mehl, Kokosmehl, Kokoszucker, Rohrzucker, Salz, Kokosflocken in einer Schüssel vermischen. Backpulver und Natron gut damit verrühren. Zitronat klein hacken und bis auf 1 EL (für den Belag) zugeben.

2. Schale der Zitrone abreiben. Kokosöl schmelzen lassen. Mit dem Ei, Zitronenschale, der Kokosmilch klumpenfrei verrühren. Backofen vorheizen auf 200 Grad (Umluft 180 Grad).

3. Die flüssigen Bestandteile langsam zu den festen geben und gut unterrühren aber nicht schaumig schlagen. In Muffinsförmchen (aus Silikon, oder gefettet oder mit Muffinpapier ausgekleidet) 2/3 hoch füllen. Im vorgeheizten Backofen Ein Backblech mit Backpapier belegen. Mit einem Teelöffel kleine Häufchen 20 bis 25 Minuten lang hellbraun backen.

4. Die Muffins aus dem Ofen nehmen und 5 Minuten abkühlen lassen. Aus dem Puderzucker, dem Rum und dem Zitronensaft eine glatte Glasur anrühren. Die Muffins dick damit bepinseln und mit jeweils ein paar Zitronatstücken garnieren. Danach ganz auskühlen lassen.

## MINI BOUNTYS

*Abbildung Seite 78*

Ergibt etwa 400 g
Pralinen

*80 g Glukosesirup*
*20 g Zucker*
*200 g Vollmilch-*
*schokolade mit 46 %*
*Kakaoanteil*
*Abrieb ½ Bio-Zitrone*
*140 g Kokosraspeln*
*100 g Kokosmilch*
*10 g Kokosöl*

1.  Die Kokosraspeln mit Zucker, Glukosesirup, Zitronenschalenabrieb in eine Schüssel geben. Kokosmilch und Kokosöl damit vermischen und sehr gleichmäßig durchrühren. Kleine Kugeln daraus formen, die Masse dabei gut zusammenpressen. Auf Pergamentpapier 1 Stunde lang antrocknen lassen.

2.  Die Schokolade leicht mit einem scharfen Messer hacken. Ein Wasserbad erhitzen und die Schokoladenstücke hineingeben. Vom Herd nehmen und unter Rühren schmelzen lassen.

3.  Die Kokosraspelkugeln nun sorgsam in die flüssige Schokolade tauchen, dabei am besten eine Pralinengabel verwenden. Auf dem Pergamentpapier ablegen und im Kühlschrank erstarren lassen.

## KOKOS – INGWER – TRÜFFEL

Für etwa 40 Stück

*300 g weiße*
*Schokolade*
*(evtl. Callets)*
*1 Prise gemahlene*
*Vanille*
*50 g kandierter Ingwer*
*50 g Butter*
*100 g Kokosmilch*
*40 ganze Mandeln*
*125 g Kokosraspeln*
*(davon 40 g zum*
*Wälzen der Kugeln)*

1.  Kandierten Ingwer fein hacken. Die Kokosmilch mit der Butter und der Vanille in einem Kochtopf zum Kochen bringen. Ingwer zugeben, vom Herd nehmen. Kleingehackte Schokolade oder Callets zugeben und darin unter Rühren zu einer cremigen Masse verarbeiten. 85 g Kokosraspeln einrühren und das Ganze im Kühlschrank 3 - 4 Stunden lang kalt stellen.

2.  Aus der festen Masse nun mit einem Teelöffel eine kleine Menge abstechen und (eventuell mit Handschuhen) kleine Kugeln formen. In jede Kugel eine Mandel einarbeiten. In den Kokosraspeln wälzen, dann gekühlt aufbewahren bis zum Verbrauch (am besten innerhalb von etwa 7 Tagen).

# KOKOS – CASSATA

4 - 6 Portionen

2 Eier
4 EL Kokoszucker
1 Prise gemahlene
Vanille
1 Prise Salz
250 ml Kokosmilch
30 g Belegkirschen
60 g Zitronat in Würfeln
2 dünne Scheiben
Limonen
2 EL Rosinen
3 EL Rum
Schokotäfelchen
(z. B. Eszet)

1. Rosinen mit heißem Wasser abspülen, abtropfen und im Rum in einer Tasse einweichen. Die Eier mit dem Salz und dem Kokoszucker im warmen Wasserbad mit einem Schneebesen cremig aufschlagen, die Masse darf auf keinen Fall kochen!

2. Kokosmilch in ein Mixgefäß geben und mit den Limonenscheiben fein pürieren. Belegkirschen fein würfeln. Kokos-Limonenmilch langsam in die Eiercreme einrühren. Dann die Belegkirschen, das Zitronat und die Rosinen mit der restlichen Einweichflüssigkeit darin verteilen. Eine Edelstahlschüssel (ca. 0,5 L) mit einem Stück Klarsichtfolie auskleiden. Die Eismasse einfüllen und in den Gefrierschrank geben. Mindestens 5 Stunden, besser noch über Nacht darin lassen. In Stücke schneiden und mit ein paar Schokotäfelchen verziert servieren.

# KOKOS – INGWER – ORANGEN – EIS

4 - 6 Portionen

5 cm frischer Ingwer
2 Eier
2 TL Orangenzucker
10 TL Kokoszucker
10 TL Puderzucker
250 ml Kokosmilch

Am Vortag ansetzen:

7 TL Kokosflocken
3 EL Rum
3 TL Orangeat

1. Bereits am Vortag Kokosflocken mit Rum und dem Orangeat in einer Tasse einweichen, bedeckt im Kühlschrank stehen lassen.

2. Anderntags die Eier mit dem Kokos- und dem Orangen- sowie dem Puderzucker verrühren und im Wasserbad mit einem Schneebesen schaumig rühren, keinesfalls kochen lassen. Die Kokosmilch langsam einrühren, 2 Minuten lang weiterschlagen. Die eingeweichte Kokosflockenmischung einrühren.

3. In eine Eismaschine geben und gefrieren lassen, oder eine vorgekühlte Schüssel mit Klarsichtfolie auskleiden und 5 Stunden im Gefrierschrank gefrieren lassen, dabei jede Stunde einmal durchrühren.

# SHARONKOMPOTT MIT INGWER
## AUF JOGHURTCREME

**4 Portionen**

**Für das Kompott:**

*2 reife Sharonfrüchte*
*30 g Ingwer*
*2 EL Kokoszucker*
*3 TL Kokosöl*

**Für die Creme:**

*240 g Joghurt,*
*10 % Fett*
*2 TL Kokoszucker*
*1 TL Limonen-*
*schalenabrieb*

**Zum Verzieren:**

*½ Karambola*
*4 Physalis*

1. Die Sharon schälen und in mundgerechte Würfel schneiden. Ingwer schälen und fein reiben. Mit dem Kokosöl in einem kleinen Kochtopf geben und 1 Minute lang darin erhitzen. Die Sharonwürfel zugeben sowie den Kokoszucker. Unter Rühren bei niedriger Stufe 3 Minuten lang köcheln, dann den Herd ausschalten und das Kompott abgedeckt auskühlen lassen.

2. Den Joghurt mit 2 TL Kokoszucker und dem Zitronenabrieb glatt rühren, bis zum Gebrauch kalt stellen.

3. Zum Servieren Die Creme abwechseln mit dem Kompott auf 4 Gläser verteilen. Mit einer Karambolascheibe und 1 Physalis je Glas verziert servieren.

# GRATINIERTE FEIGEN IN BEGLEITUNG

*4 Portionen*

*4 frische Feigen*
*3 reife Babybananen*
*200 ml Orangensaft,*
*frisch gepresst oder*
*Direktsaft*
*50 g Kokosöl*
*50 g Kokoszucker*
*50 g Kokosraspel*
*1 EL Orangenlikör*
*1 TL Vanillezucker*
*Saft und Abrieb*
*von 1 Bio-Zitrone*

1. In einem kleinen Kochtopf das Kokosöl, die Kokosraspeln und den Kokoszucker unter Erwärmen miteinander vermengen.

2. Feigen waschen, Ansatz abschneiden und mit einem Messer etwa 2 cm tief von oben ein Kreuz einschneiden. Mit je etwa 2 TL von der Kokosmasse füllen. In eine gefettete Auflaufform schichten. Backofen auf 200 Grad Umluft 160 Grad) vorheizen.

3. Bananen schälen und der Länge nach vierteln. Bananenstücke ebenfalls in die Auflaufform setzen. Orangen- und Zitronensaft, Orangenlikör und Vanillezucker verrühren und über die Früchte gießen. Eventuelle Reste der Kokosmasse darauf verteilen. In den Ofen stellen und 25 Minuten auf der mittleren Schiene goldbraun backen. Frisch aus dem Ofen servieren.

# ROTWEINZABAIONE

*4 Portionen*

*200 ml trockener*
*Rotwein*
*6 Eigelb, sehr frisch*
*Größe M*
*1 Prise Vanille*
*1 Prise Zimt*
*8 EL Kokoszucker*
*1 EL Kokosmus*
*½ TL Orangenschalen-*
*abrieb*

1. Eigelb und Kokoszucker sowie Vanille mit dem Schneebesen über dem heißen (nicht kochenden!) Wasserbad zu einer festen Schaummasse schlagen.

2. Kokosmus einrühren, dann löffelweise den Rotwein zugeben, dabei fest weiterschlagen. Zum Schluss den Orangenschalenabrieb und den Zimt einrühren, in Dessertschalen füllen und sofort noch lauwarm servieren.

# HIMBEERSAUCE

4 Portionen

350 g Himbeeren,
TK oder frisch
3 cm Ingwer
150 ml Blutorangen-
direktsaft (oder frisch
gepresster Saft)
1 EL Zucker
1 EL Kokoszucker
2 EL Kokosmehl

*Wird kalt und auch warm verzehrt und passt perfekt zu Bubble-Kokospudding, Cassata, Kokos-Ingwer-Orangen-Eis, Kokos-Grieskuchen oder Pannacotta*

1. Gefrorene oder frische Himbeeren in einen Kochtopf geben. Mit dem weißen und dem Kokoszucker bestreuen. Ingwer schälen und direkt in den Topf reiben. Den Blutorangensaft unterrühren und das Ganze 2 Stunden lang ziehen lassen.

2. Zum Kochen bringen, das Kokosmehl einrühren und 5 Minuten lang unter Rühren sanft köcheln lassen. Das sämige Fruchtmus nun durch ein Sieb streichen.

# BUBBLE – KOKOSPUDDING

4 Portionen

4 TL Sagoperlen
(Tapioka)
200 ml Kokosmilch
150 ml Wasser
1 EL Orangen-Ingwer-
Zucker
1 EL Kokoszucker

1. Sago und Wasser in einen kleinen Kochtopf geben und solange bei niedriger Hitze köcheln lassen, bis die Sagoperlen glasklar werden (ca. 25 Minuten).

2. Kokosmilch, Kokoszucker und Aromazucker einrühren und darin auflösen. In Puddingförmchen oder Dessertschalen gießen und im Kühlschrank ca. 2 Stunden lang fest werden lassen.

# PFLAUMENMUS AUF BAISER
# MIT WEISSEN TRÜFFELN

4 Portionen

*500 g dunkle, reife
Pflaumen
60 g kleine Baisers
8 weiße Trüffel
¼ TL Zimt
150 ml Pflaumenwein
oder Apfelcidre
2 TL Kokoszucker
1 ½ EL Kokosmehl*

*Kandierter Ingwer
und geschlagene
Sahne passen
ebenfalls gut zu
diesem fruchtigen
Dessert*

1. Die Pflaumen waschen, die Haut abziehen, entkernen und in Stücke schneiden. Mit dem Zimt, dem Kokoszucker und dem Pflaumenwein in einem Kochtopf geben und3 Minuten lang Saft ziehen lassen. Dann zum Kochen bringen und 5 Minuten lang offen kochen lassen. Abgedeckt von der Herdplatte ziehen, 10 Minuten ruhen lassen.

2. Das Kokosmehl einrühren und alles mit einem Pürierstab fein mixen. Nochmals kurz aufkochen lassen. Die Hälfte davon in 4 Dessertschalen oder -gläser verteilen. 4 Trüffel halbieren und jeweils 2 Hälften in das noch heiße Pflaumenmus setzen. Die Baisers in kleine Stücke brechen oder schneiden und darüber bröseln. Die restliche Hälfte vom Mus jetzt darüber geben und die Schalen mindestens 1 Stunde lang in den Kühlschrank geben.

3. Auf jede Portion nochmals 1 Trüffel setzen und nach Geschmack noch etwas geschlagene Sahne.


# KOKOS – PANNACOTTA

4 Portionen

*200 ml Wasser
300 ml Kokosmilch
1 EL Kokosrum
(alternativ 3 Tr.
Rumaroma)
½ TL Gemahlene
Vanille
2 EL Kokoszucker
2 EL Puderzucker
6 Blatt Gelatine
Abrieb ½ Bio-Zitrone
evtl. 1 EL weiße
Schokolade, zerkleinert*

1. Gelatine in kaltem Wasser 10 Minuten lang einweichen.

2. Kokosmilch, Kokoszucker und Wasser in einem Kochtopf zum Kochen bringen. Vanille zugeben, mit Rumaroma und Puderzucker abschmecken. Alternativ die weiße Schokolade darin auflösen (dann keinen Puderzucker mehr verwenden). Zitronenabrieb einrühren. Vom Herd nehmen.

3. Die Gelatine gut ausdrücken und mit ein paar Löffeln der Kokosmilch glatt rühren. Dann zur restlichen Kokosmilch geben und darin auflösen. In Pannacottaförmchen oder Dessertschalen gießen und im Kühlschrank mehrere Stunden lang fest werden lassen. Vor dem Servieren stürzen.

# ZIMTBROT

4 Portionen

*4 Scheiben
Sandwichtoast oder
Kastenweißbrot
1 Ei
1 TL Zimt
3 EL Kokosmilch
3 EL Wasser
2 TL Kokosöl
Nach Wahl:
Ahornsirup, Honig,
Agavendicksaft oder
Kokossirup*

*Mit Joghurt und
frischen Früchten
ein leckeres Früh-
stück!*

1. In einer großen Schüssel das Ei mit der Kokosmilch, dem Wasser, dem Kokoszucker und dem Zimt glatt rühren. Die Toasts in je 4 Dreiecke schneiden.

2. Eine beschichtete Pfanne erhitzen, das Kokosöl darin schmelzen lassen. Die Toastdreiecke jeweils kurz in die Kokos-Eiermilch tauchen, so dass sie damit durchtränkt sind. In der Pfanne von beiden Seiten goldgelb braten.

3. Noch warm mit einem Topping der Wahl servieren.

*Minibountys und Kokos-Ingwer-Trüffe (Rezepte S. 72)l*

# ORIENTALISCHER FRUCHTSALAT

**4 Portionen**

1 Apfel
1 Banane
200 g rote Trauben
400 g Erdbeeren
1 Bio-Zitrone
2 Stängel frische Minze
2 EL Kokosrum
4 EL Kokoszucker
125 ml Wasser
1 Sternanis
1 Zimtstange
8 Nelken
3 Pimentkörner

*Ist der Geschmack vom Kokoszucker zu intensiv, kann man auch die Hälfte mit Puderzucker ersetzen*

1. Zitrone waschen, trocknen und die Schale mit einer Reibe abnehmen. Saft abpressen. Apfel und Banane schälen, Kernhaus entfernen und in mundgerechte Stücke schneiden. Mit dem Zitronensaft beträufeln, damit sie nicht braun werden.

2. Wasser, Kokoszucker, Gewürze und Zitronenschale in einen kleinen Kochtopf geben und 5 Minuten lang bei mittlerer Hitze kochen, bis ein Sirup entsteht. Abkühlen lassen und erst dann durch ein Sieb filtern.

3. Erdbeeren und Trauben waschen, putzen und in kleine Stücke schneiden (Trauben halbieren oder vierteln). Alle Fruchtstücke vermischen. Minze waschen, trocken schütteln und die Blättchen abzupfen. Fein hacken und zu den Früchten geben. Den abgekühlten Sirup und den Rum untermischen und den Salat im Kühlschrank 30 Minuten lang marinieren. Gut durchgemischt servieren, eventuell Sahne oder cremigen Joghurt dazu reichen.

# Anhang

## *Bezugsquellen*

Kaltgepresstes Kokosöl, unraffinierter Kokosblütenzucker (Kokoszucker), Kokosmehl usw.:

**C.W. Tropicai GmbH**
Fritz-Sauter Str.10
86637 Wertingen
Tel.: 08272-60962-0
info@tropicai.com
www.tropicai.com


Kokosöl, Kokosmehl, Kokosmilch, Kokosmus usw.:

**Dr. Goerg GmbH**
**He** idchenstraße 9
56424 Bannberscheid
Tel.: 02602-93469-0
service@drgoerg.com
www.drgoerg.com


**Hinweis:**
Kokosmilch ist (nebst Bioprodukten) auch in Discountern zu beziehen, Kokosblüten-zucker wird manchmal auch als Palmzucker verkauft.
Achten Sie beim Kauf von Kokosöl und Kokoszucker unbedingt auf die Herstellungs-merkmale „kaltgepresst" und „unraffiniert" um hochwertige Ware zu erwerben! Einige Kokosprodukte sind auch in Biomärkten zu bekommen. Die Mahlgrade von Kokos-mehl können unterschiedlich fein sein.

# Rezeptverzeichnis

## Starters / Suppen / Beilagen

- Feine Geflügelleberpastete mit Cranberries
- Fenchelcremesuppe
- Forellenmousseline
- Graved Lachsforelle
- Grünes Erbsenpüree
- Hummercremesuppe
- Kokos-Krabbencreme auf Toast
- Kokos-Maissuppe mit Hühnchen
- Mangold-Kokos-Suppe
- Spitzkohl-Kokos-Gemüse
- Süßkartoffelstampf

## Hauptgerichte

### Fleisch und Geflügel:

- Curry-Schenkel
- Filetgulasch mit Süßkartoffeln
- Geflügelleber mit Apfel-Schalotten
- Gewürfelter Schweinenacken
- Hühnchen mit Ananas-Spargel in rotem Curry
- Hühnerfrikassee
- Kaninchenragout mit Steinpilztagliolini
- Kokosreis mit fruchtigen Miniribs
- Koteletts in Tomatensauce
- Lammcurry
- Marinierte Hühnchenstreifen auf Salat
- Mousakas
- Pikante Zitronenhähnchenspieße
- Fruchtiges Entenbrüstchen auf Knusperreis
- Rindfleischpfanne mit Schalotten
- Schweinebraten mit Rotkraut
- Schweinerückensteaks in fruchtiger Begleitung
- Spargel mit Kokos-Hollandaise an Kalbskoteletts
- Wasabi-Filetspieße

**Fisch und Meeresfrüchte**

- Duo vom Seeteufel und Scampi mit Spinatlinguini an Sternanisjus
- Fenchel-Nudelpfanne mit Jakobsmuscheln
- Frittierte Muscheln
- Kabeljaufilet mit Brokkoli
- Kabeljau mit wildem Spargel, Paprika und Steinpilztagliatelle
- Kreolische Meeresfrüchte
- Pikante Gambas auf violettem Gemüse
- St. Petersfischfilet auf einem Glasnudelbett

**Vegetarisch und Gemüse**

- 3 K Gemüse
- Champignonpfännchen mit Räuchertofu
- Ebly-Gemüsetopf
- Exotisches Gemüse
- Fruchtiger Couscous-Karottentopf
- Grünes Kokos-Gemüse
- Kokosspinat
- Kokosstampf mit Röstzwiebeln
- Pikantes Fenchelgemüse
- Süßkartoffelgratin
- Zucchinigratin mit Croutons

*Kuchen und Gebäck*

- Apfelstrudel mit Kokos
- Aprikosen-Nusskuchen
- Fruchtige Kokosmakronen
- Käsekuchen
- Kokos-Grieskuchen
- Kokosstollen
- Traubenkuchen
- Zitronen-Kokos-Muffins

## Desserts

- Bubble-Kokospudding
- Gratinierte Feigen in Begleitung
- Pflaumenmus auf Baiser mit weißen Trüffeln
- Kokos-Cassata
- Kokos-Ingwer-Orangen-Eis
- Kokos-Ingwer-Trüffel
- Kokos-Pannacotta
- Mini Bountys
- Orientalischer Fruchtsalat
- Rotweinzabaione
- Sharonkompott mit Ingwer auf Joghurtcreme
- Süßes Fruchtcurry
- Zimtbrot

## Compbook Verlag

**Kreative Einmachküche: Frühling**
ISBN 978-3-934473-53-9

**Aroma-Essig hausgemacht**
Selbst ansetzen und genießen
ISBN 978-3934473-32-4

E. & J. Engler
**Frozen Yogurt**
Lecker leichtes Joghurt-Eis selbst
gemacht
ISBN 978-3-934473-12-6

KH Engler
**Hot Chocolate!**
Köstliche Trinkschokolade selbst
gießen und genießen
ISBN 978-3934473-30-0

**Kräuter- und Gewürzsalze**
Leckere Salzmischungen,
höllisch scharf und himmlisch würzig
ISBN 978-3-934473-05-8

**Das Sirup-Kochbuch**
Fruchtsirup, Blütensirup, Kräutersirup,
Hustensirup und Kräuter-Honig
ISBN 978-3-934473-00-3

**Liköre!**
**Fruchtliköre, Blütenliköre,**
**Sahneliköre & zuckerfreie Liköre**
ISBN 978-3-934473-10-2

**Heilpflanzen-Tinkturen**
Wirksame Kräuterauszüge mit und
ohne Alkohol selbst herstellen
ISBN 978-3-934473-20-2

**Naturheilsalben selbst gemacht**
Altbewährte und neue Rezepturen
ISBN 978-3-934473-21-8

**Kräuterweine und Elixiere**
110 Rezepte
nach Hildegard von Bingen, Ayurveda
und aus der Naturheilkunde
ISBN 978-3-934473-03-4

**Parfum Workshop**
100 edle Düfte für Sie & Ihn
ISBN 978-3-934473-77-5

**Chihuahuas für Anfänger**
Starthilfe für Anschaffung, Haltung,
Erziehung und Pflege
ISBN 978-3-934473-04-1

**Prager Rattler (Praský krysarík)**
**für Anfänger**
ISBN 978-3-934473-13-3

**Papillon und Phalène**
(Kontinentaler Zwergspaniel)
für Anfänger
ISBN 978-3-934473-14-0

**Mein Energie – Tagebuch**
Tipps und Tricks zum optimierten
Energie-Management im Haus
ISBN 978-3-934473-07-2

**Go InSide!**
**Das David Woods Hypnose**
**Programm**
In 3 Schritten abnehmen, nicht-
rauchen und selbstbewusster werden
ISBN 978-3-934473-88-1 (Hardcover)